JN345294

ХЭЛ ТЭГШ БАЙДАЛ

언어 평등

NYELVI EGYENLŐSÉG

SPRACHE EQUALITY

TAAL GELIJKHEID

SPRÅK LIKHET

LANGUAGE EQUALITY

NGÔN NGỮ BÌNH ĐẲNG

IDIOMA IGUALDADE

BAHASA KESETARAAN

言語平等

שפת שוויון

भाषा समानताको

ภาษาเท่าเทียมกัน

IDIOMA IGUALDAD

AEQUALITAS LANGUAGE

JAZYK ROVNOST

LANGUE ÉGALITÉ

ЯЗЫК EQUALITY

ພາສາຄວາມສະເໝີພາບ

LIMBA EGALITATE

UGUAGLIANZA LINGUA

اللغة المساواة

برابری زبان

ভাষা সমতা

语言平等

"모든 언어는 평등하다"

LUGHA USAWA

언어는 문화의 다양성 산물이며,
인류 공동체 소통의 시작과 문명 발전의 발자취이다.

또한, 인류 문명의 근원인 동시에 민족 정체성의 상징이다.
언어 평등주의 관점에서 고유 가치와 순결성은 언어 사용자수와 국력에 국한 될 수 없으며
어떠한 언어도 우수함, 열등함을 비교할 수 없다.

МОВА РІВНІСТЬ

따라서, 우리는 언어의 획일화 위협을 완전히 배제하며
언어학습의 자유로운 선택과 평등한 기회를 위한 어학콘텐츠 개발과 보급이
우리의 가장 중요한 가치 중 하나이다.

민족 자주독립의 1945년 명동 문예서림(서점) 창립이래,
어학 콘텐츠는 우리의 과거, 현재 그리고 미래의 핵심이며
세계 모든 어학콘텐츠 개발과 보급이라는
우리의 이상과 독자를 위한 〈언어 평등〉에 정진할 것이다.

DIL EŞITLIK

한국인, 뱅골인 모두를 위한 일상생활의 필수회화서

কোরিয়ান, বাংলাভাষী সকলের জন্য দৈনন্দিন জীবনে প্রয়োজনীয় কথোপকথন

활용 뱅골인-한국어 한국인-뱅골어 회화

문예림

http://www.bookmoon.co.kr

활용 벵골인 - 한국어 한국인 - 벵골어회화

초판 2쇄 인쇄 2018년 4월 30일

초판 2쇄 발행 2018년 5월 8일

지은이 신민호

발행인 서덕일

펴낸곳 **문예림**

주소 경기도 파주시 회동길 366 (10881)

전화 (02)499-1281~2

팩스 (02)499-1283

E-mail info@bookmoon.co.kr

출판등록 1962.7.12 (제406-1962-1호)

ISBN 978-89-7482-875-2(13790)

활용 뱅골인-한국어 한국인-뱅골어 회화

문예림

머리말

방글라데시와 인도 벵골 주(州)의 공용어인 벵골어는 전 세계에서 일곱 번째로 많은 사람들이 사용하는 언어입니다. 최근 방글라데시와 한국의 교류가 활발해지면서 많은 한국인들이 벵골어를 배우고 싶어 하고, 많은 방글라데시인들이 한국어를 배우려 하고 있습니다. 하지만, 벵골어를 시작한 한국인의 대부분이 어려운 글자 때문에 중도 포기하는 경우가 많습니다.

벵골어와 한국어는 어순이 같고, 많은 단어가 같은 발음과 의미로 사용되고 있습니다. 또한 자음과 모음의 조합으로 단어가 완성된다는 공통점이 있기에 서로 더 쉽게 배울 수 있습니다. 그렇다 할지라도 외국어를 습득하는 데는 많은 시간이 필요합니다. 한국에서 많은 사람이 벵골어를 배우고 싶어 하지만 학원에 가는 것도, 개인 과외도 쉽지가 않습니다. 이러한 상황에서 한국어와 벵골어 이 두 언어를 사용하는 사람들이 서로의 언어를 조금 더 쉽고 재미있게 배울 수 있도록 하고자 이 책을 구상하게 되었습니다.

이 책에는 벵골어를 쓰는 사람들과 한국어를 쓰는 사람들이 서로의 나라를 방문할 기회가 있을 때 도움이 되는 생활 회화가 수록되어 있어 한국어 및 벵골어 학습에 큰 도움이 될 것입니다. 마지막으로 주로 사용하는 어휘들의 한국어, 벵골어 발음 및 의미가 교차 수록되어 있어, 벵골어를 사용하는 인력을 고용하는 사업주들, 함께 일하는 직원들, 그리고 방글라데시와 한국에서 생활하는 사람들에게 큰 도움이 될 것이라 생각합니다

2016.07

신민호

ভূমিকা

ইদানীং বাংলাদেশ ও কোরিয়ার মধ্যে যোগাযোগ ও পরস্পর মতবিনিময়ের বিষয় যথেষ্ট কার্যকরী হওয়ায় অনেক কোরিয়ানেরা বাংলা ভাষা শিখতে চান এবং অনেক বাংলাভাষীরাও কোরিয়ান ভাষা শিখতে আগ্রহী। কিন্তু বাংলা ভাষা শিখতে শুরু করা কোরিয়ানদের অধিকাংশই কঠিন হরফের কারণে কিছুদূর শিখতে না শিখতেই হাল ছেড়ে দেন। কিন্তু বাংলা ভাষায় কথা বলা লোক সংখ্যাগরিষ্ঠতায় পৃথিবীতে সপ্তম তম। ১৯১৩ সালে এই বাংলা সাহিত্যে নোবেল অর্জন করেন রবীন্দ্রনাথ ঠাকুর।

বাংলা ভাষা এবং কোরিয়ান ভাষার বাক্য গঠন নিয়ম প্রায় একই রকম। আবার অনেক শব্দ আছে যা বাংলা এবং কোরিয়ান উভয় ভাষার ক্ষেত্রে ব্যবহার করা হয়। এই জন্য কিছু বেসিক শব্দ জানা থাকলেও জীবন যাপনের নুন্যতম কথোপথন চালিয়ে যাওয়া যায়। কোরিয়ান ভাষা বাংলা ভাষার তুলনায় হরফ লিখতে অনেক সহজ এবং বাংলা ভাষার মত স্বর বর্ণ ব্যাঞ্জণ বর্ণের সংমিশ্রনে শব্দ গঠন করা হয়। এই জন্য বাংলাভাষীদের জন্য এই ভাষা লিখতে, পড়তে, বলতে ও শিখতে অনেক সহজ হয়।

হলেও বিদেশী ভাষা হিসাবে অন্য দেশের ভাষা রপ্ত করতে বেশ সময়ের প্রয়োজন হয়।

এই অবস্থায় কোরিয়ান ও বাংলা এই দুই ভাষার লোকেরা যাতে একটু হলেও সহজ ভাবে একে অপরের ভাষা শিখতে পারেন সেই উদ্দেশ্যে এই বই প্রকাশ করতে মনোস্থ করেছি। অনেক কোরিয়ান আছেন যাঁরা বাংলা ভাষা শিখতে চান কিন্তু কোন কোচিং সেন্টারে গিয়ে বা গৃহশিক্ষক রেখে শিখা সম্ভব হয় না।

তাঁদের ক্ষেত্রে ঘরে বসে নিজেরাই বাংলা শিখতে এই বই সহায়ক হবে। একই ভাবে অনেক বাংলা ভাষীরা কোরিয়ান ভাষা শিখতে আগ্রহী কিন্তু কোন কোচিং সেন্টারে গিয়ে বা কোন গৃহশিক্ষক নিয়োগ দিয়ে শিখা সম্ভব হয় না। তাঁদের ক্ষেত্রেও ঘরে বসে নিজেরাই কোরিয়ান ভাষা শিখতে এই বই সহায়ক হবে। বাংলা ও কোরিয়ান ভাষীদের একে অন্যের দেশে স্বল্পকালিন ভ্রমণের সময় প্রয়োজনীয় কথোপকথনের জন্যেও এই বই সহায়ক হবে। এই বইটিতে দৈনিন্দন জীবনে ব্যবহৃত অতীব প্রয়োজনীয় শব্দাবলি কোরিয়ান ও বাংলা উচ্চারণ ও অর্থসহ সংযোজন করা হয়েছে। বাংলাদেশী লোকবল ব্যবহার করা কোম্পানীর মালিক ও তাঁদের কোরিয়ান সদস্যগন এবং কোরিয়ান কোম্পানীতে নতুন এসে চাকুরীতে যোগদানকারী বাংলাদেশীদের জন্যেও এই বইটি অত্যন্ত সহায়ক হবে বলে মনে করি।

২০১৬.০৭

লেখকের কথা

목차 সূচীপত্র

I 발음과 문법
উচ্চারণ এবং ব্যাকরণ

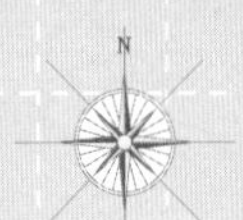

동경 9° 00', 북위 24° 00'
Bangladesh

총
147,570
㎢

AREA

약
1억 6,108
명

POPULATION

인민 공화국
공화제

GOVERNMENT

A C
B

벵골어
বাংলা বর্ণমালা

LANGUAGE

아열대 몬순 기후

WEATHER

Taka
타카(BDT)

CURRENCY

II 기본 필수 단어
বেসিক অপরিহার্য শব্দ

호칭 টাইটেল/সম্বোধন

숫자 সংখ্যা

저개발
농업국

INDUSTRY

Yellow Cap(택시)
흥정해야함

TRANSPORT

1인당 GDP
1,286
불(15년)

ECONOMICS

이슬람교
(89.5% 국교)

RELIGION

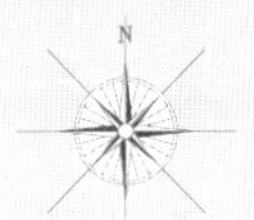

동경 127° 30', 북위 37° 00'

Republic of Korea

총
99.720
㎢

AREA

총
51,619,330
명

POPULATION

III 유용한 표현
প্রয়োজনীয় অতিব্যক্তি

인사 সালাম

질문과 대답 প্রশ্ন এবং উওর

민주 공화국

GOVERNMENT

A C B

한국어
한글 및 漢字

LANGUAGE

몬순기후
(계절풍)

WEATHER

원
(Won)

CURRENCY

자본주의

INDUSTRY

지하철
버스, 택시

TRANSPORT

1인당 GDP
2만 5,990
달러(16년)

ECONOMICS

불교·그리스도교·
유교 및 신흥종교

RELIGION

IV 부록
পরিশিষ্ট

I

발음과 문법

উচ্চারণ এবং ব্যাকরণ

벵골어 알파벳과 발음
বাংলা বর্ণমালা এবং উচ্চারণ

벵골어 알파벳 – বাংলা বর্ণমালা

자음 ব্যঞ্জন বর্ণ

벵골어는 37개의 자음이 있다.

정상형	영어 발음	한글 발음	정상형	영어 발음	한글 발음
ক	kô	꺼	ধ	dhô	더ㅎ
খ	khô	커	ন	nô	너
গ	gô	거	প	pô	뻐
ঘ	ghô	거ㅎ	ফ	phô	퍼
ঙ	ngô	응	ব	bô	버
চ	chô	쩌	ভ	bhô	버ㅎ
ছ	chhô	처	ম	mô	머
জ	jô	저	য	zô	저
ঝ	jhô	저ㅎ	র	rô	러 (R)
ঞ	ñô	느	ল	lô	러 (L)
ট	tô	터	শ	shô	셔
ঠ	thô	터ㅎ	ষ	shô	셔
ড	dô	더	স	sô	서
ঢ	dhô	더ㅎ	হ	hô	허
ণ	nô	너	ক্ষ	khhô	커ㅎ
ত	tô	떠	য়	yô	어
থ	thô	떠ㅎ	ড়	rhô	러ㅎ
দ	dô	더	ঢ়	rhhô	러ㅎㅎ
			ৎ	t	떠

▶ ঘ ঝ ঠ ঢ থ ধ ভ ক্ষ ড় ঢ় 등의 자음은 발음할 때 'ㅎ'이 들어갔지만 문장을 쓸 때는 그렇게 쓰지 않습니다. 그래도 이런 자음들이 있는 단어를 읽을 때마다 발음은 'ㅎ'이 있는 것처럼 하면 됩니다.

모음 স্বর -বর্ণ

벵골어에는 11개의 모음이 있다. 벵골어 모음은 자음과 함께 사용하기도 하고 모음만 따로 사용하기도 한다. 단, 자음과 함께 쓸 때와 모음 혼자 쓸 때 그 쓰임새에 따라 모양이 다르다. 가끔 단어의 첫째 철자로 쓸 때와 단어의 마지막 철자로 쓸 때는 모음만 쓸 때의 모양으로 쓰인다. 자음과 모음 함께 사용하여 발음한다.

혼자 쓴 모음	영어발음	한글발음	자음과 함께 쓴모음	영어 발음	한글 발음
অ	ô / o	어		ô and o	어
আ	a	아	া	a	아
ই	i	이	ি	i	이
ঈ	i / ee	이	ী	i / ee	이
উ	u	우	ু	u	우
ঊ	u /oo	우	ূ	u /oo	우
ঋ	ri	리	ৃ	ri	리
এ	e / ê	에	ে	e / ê	에
ঐ	ôi / oi	오이	ৈ	ôi / oi	오이
ও	u / o	오	ো	u / o	오
ঔ	ôu / ou	오우	ৌ	ôu / ou	오우

▶ **벵골어에서 아래 모음도 사용합니다.**

্য, ্র, র্, ং, ঃ, ঁ

▶ **사용 방법과 발음**

ব্যবহার(배버하르, 사용)

গ্রহণ(그러헌, 받다)

সর্ব(서르버, 모두)

রং(렁, 색)

ঁ(코발음)

자음과 모음의 발음

ব্যঞ্জন বর্ণ ও স্বর-বর্ণের উচ্চারণ

▶ ঘ,ঝ, ঠ, ঢ, ধ, ভ 이 알파벳들은 발음할 때

'ㅎ' 소리를 포함하여야 함, 그러나 한글로 표기시에는 (예를 들면 'ㄱㅎ') 그렇게 쓰지 않는다. 즉, 단어와 문장을 쓸 때 'ㅎ'을 표기하지 않지만 읽을 때는 'ㅎ'을 발음하여 읽으면 된다.

ঘ,ঝ, ঠ, ঢ, ধ, ভ -এই অক্ষর গুলো উচ্চারণ করতে সাথে হ যুক্ত হয়ে উচ্চারিত হয় কিন্তু কোরিয়ান ভাষা লেখার সময় অন্য অক্ষরের সাথে হ/ㅎ যুক্ত হয়ে লেখা হয় না। সেজন্য লেখার সময় বাদ দিয়ে লেখা হলো। তবে উচ্চারণের সময় হ সহ উচ্চারণ করতে হবে।

উদাহরণ) [우다허런] : 예 [ইয়ে]
ঘর [ㄱ허르/거르] : 집 [জিব]
ঝাল [잘ㄹ/잘] :맵다 [ম্যাব্তা]
ভাত [밯ㄸ/바뜨] : 밥[বাব্]

▶ 자음과 모음을 함께 발음하는 경우

ব্যঞ্জন বর্ণ ও স্বর বর্ণ একত্রে ব্যবহার করার উচ্চারণ

সৌভাগ্য[소우밯고] : 운명[উনমিয়ং]
ছাত্র [차뜨로] : 학생 [হাগ্সেং]
যন্ত্রপাতি [전뜨러빠띠] : 공구[গোংগু]

			া	a 아	ি	i 이	ী	i 이	ু	u 우
ক	ko	꺼	কা	까	কি	끼	কী	끼	কু	꾸
খ	kho	커	খা	카	খি	키	খী	키	খু	쿠
গ	go	거	গা	가	গি	기	গী	기	গু	구
ঘ	gho	ㄱ허	ঘা	가	ঘি	기	ঘী	기	ঘু	구
চ	cho	쩌	চা	짜	চি	찌	চী	찌	চু	쭈
ছ	chh	처	ছা	차	ছি	치	ছী	치	ছু	추
জ	j0	저	জা	자	জি	지	জী	지	জু	주
ঝ	jho	저허	ঝা	자	ঝি	지	ঝী	지	ঝু	주
ট	to	터	টা	타	টি	티	টী	티	টু	투
ঠ	tho	ㅌ허	ঠা	타	ঠি	티	ঠী	티	ঠু	투
ড	do	더	ডা	다	ডি	디	ডী	디	ডু	두
ঢ	dho	ㄷ허	ঢা	다	ঢি	디	ঢী	디	ঢু	두
ণ	no	너	ণা	나	ণি	니	ণী	니	ণু	누
ত	to	떠	তা	따	তি	띠	তী	띠	তু	뚜
থ	tho	터	থা	타	থা	티	থি	티	থু	투
দ	do	더	দা	다	দি	디	দী	디	দু	두
ধ	dho	ㄷ허	ধা	다	ধি	디	ধী	디	ধু	두
ন	no	너	না	나	নি	니	নী	니	নু	누
প	po	뻐	পা	빠	পি	삐	পী	삐	পু	뿌
ফ	pho	퍼	ফা	파	ফি	피	ফী	피	ফু	푸
ব	bo	버	বা	바	বি	비	বী	비	বু	부
ভ	bho	ㅂ허	ভা	바	ভি	비	ভী	비	ভু	부
ম	mo	머	মা	마	মি	미	মী	미	মু	무
য	jo	저	যা	자	যি	지	যী	지	যু	주
র	ro	러	রা	라	রি	리	রী	리	রু	루
ল	lo	러	লা	라	লি	리	লী	리	লু	루
শ	sho	셔	শা	샤	শি	시	শী	시	শু	수
ষ	sho	셔	ষা	샤	ষি	시	ষী	시	ষু	수
স	so	서	সা	사	সি	시	সী	시	সু	수
হ	ho	허	হা	하	হি	히	হী	히	হু	후

ু u	우	ৃ ri	리	ে e	에	ৈ oi	오이	ো o	오	ৌ ou	오우
কূ	꾸	কৃ	끄리	কে	께	কৈ	꾀	কো	꼬	কৌ	꼬우
খূ	쿠	খৃ	크리	খে	케	খৈ	쾨	খে	코	খৌ	코우
গূ	구	গৃ	그리	গে	게	গৈ	괴	গো	고	গৌ	고우
ঘূ	구	ঘৃ	그리	ঘে	게	ঘৈ	괴	ঘো	고	ঘৌ	고우
চূ	쭈	চৃ	쯔리	চে	쩨	চৈ	쬐	চো	쪼	চৌ	쪼우
ছূ	추	ছৃ	츠리	ছে	체	ছৈ	최	ছো	초	ছৌ	초우
জূ	주	জৃ	즈리	জো	조	জৈ	죄	জো	조	জৌ	조우
ঝূ	주	ঝৃ	즈리	ঝে	제	ঝৈ	죄	ঝো	조	ঝৌ	조우
টূ	투	টৃ	트리	টে	테	টৈ	퇴	টো	토	টৌ	토우
ঠূ	투	ঠৃ	트리	ঠে	테	ঠৈ	퇴	ঠো	토	ঠৌ	토우
ডূ	두	ডৃ	드리	ডে	데	ডৈ	되	ডো	도	ডৌ	도우
ঢূ	두	ঢৃ	드리	ঢে	데	ঢৈ	되	ঢো	도	ঢৌ	도우
ণূ	누	ণৃ	느리	ণে	네	ণৈ	뇌	ণো	노	ণৌ	노우
তূ	뚜	তৃ	뜨리	তে	떼	তৈ	뙤	তো	또	তৌ	또우
থূ	투	থৃ	트리	থে	테	থৈ	퇴	থো	토	থৌ	토우
দূ	두	দৃ	드리	দে	데	দৈ	되	দো	도	দৌ	도우
ধূ	두	ধৃ	드리	ধে	데	ধৈ	되	ধো	도	ধৌ	도우
নূ	누	নৃ	느리	নে	네	নৈ	뇌	নো	노	নৌ	노우
পূ	뿌	পৃ	쁘리	পে	뻬	পৈ	뾔	পো	뽀	পৌ	뽀우
ফূ	푸	ফৃ	프리	ফে	페	ফৈ	푀	ফো	포	ফৌ	포우
বূ	부	বৃ	브리	বে	베	বৈ	뵈	বো	보	বৌ	보우
ভূ	부	ভৃ	브리	ভে	베	ভৈ	뵈	ভো	보	ভৌ	보우
মূ	무	মৃ	므리	মে	메	মৈ	뫼	মো	모	মৌ	모우
যূ	주	যৃ	즈리	যে	제	যৈ	죄	যো	조	যৌ	조우
রূ	루	রৃ	리	রে	레	রৈ	뢰	রো	로	রৌ	로우
লূ	루	লৃ	르리	লে	레	লৈ	뢰	লো	로	লৌ	로우
শূ	수	শৃ	스리	শে	세	শৈ	쇠	শো	소	শৌ	소우
ষূ	수	ষৃ	스리	ষে	세	ষৈ	쇠	ষো	소	ষৌ	소우
সূ	수	সৃ	스리	সে	세	সৈ	쇠	সো	소	সৌ	소우
হূ	후	হৃ	흐리	হে	헤	হৈ	호이	হো	호	হৌ	호우

한국어 발음
কোরিয়ান উচ্চারণ

자음
ব্যঞ্জন বর্ণ

কোরিয়ান বর্ণমালা	벵골어 자모
ㄱ[গিয়গ]	গ
ㄴ[নিয়ন]	ন
ㄷ[দিগদ]	দ
ㄹ[রিউল]	র/ল
ㅁ[মিউম]	ম
ㅂ[বিউব]	ব
ㅅ[সিওত]	স
ㅇ[ইউং]	অ/য়
ㅈ[জিউত]	জ/য
ㅊ[ছিউত]	ছ
ㅋ[খিউখ]	খ
ㅌ[থিউথ]	থ
ㅍ[ফিউফ]	ফ
ㅎ[হিউত]	হ

쌍자음
যুক্ত বর্ণ

কোরিয়ান বর্ণমালা	벵골어 자모
ㄲ[সাংগিয়গ]	ক
ㄸ[সাংদিগদ]	ত
ㅃ[সাংবিউব]	প
ㅆ[সিওত]	‘ ছ’ এবং ‘স’এর মধ্যবর্তী উচ্চারণ
ㅉ[সাংজিউত]	চ

단모음
সংক্ষিপ্ত স্বর-বর্ণ

কোরিয়ান বর্ণমালা	বেঙ্গলি জামো
아	আ/য়া
야	ইয়া
어	অ/য়
여	ইয়
오	ও
요	ইয়ো
우	উ
유	ইউ
으	'ই' এবং 'উ'এর মধ্যবর্তী উচ্চারণ
이	ই
애	অ্যা
얘	ই-য়ে
에	এ
예	ইয়ে

이중모음
সান্ধ্যক্ষর

কোরিয়ান বর্ণমালা	বেঙ্গলি জামো
외 (오+이)	ঐ(ও+ই)
위 (우+이)	উই(উ+ই)
의 (으+이)	উই
와 (오+아)	ওয়া (ও+আ/য়া)
왜 (오+애)	ওয়ে (ও+এ)
워 (우+어)	উয় (উ+অ/য়)
웨 (우+에)	উইয়ে(উ+য়ে)

▶ ㅆ, 으, 애, 의

이것들과 같은 발음은 벵골어로 없다. 그래서 가장 흡사한 발음으로 표기 했다.

এর হুবহু উচ্চারণ বাংলায় নাই, সেজন্য এর সবচেয়ে কাছাকাছি উচ্চারণ দেখানো হলো।

▶ 한국어 자음의 소리

কোরিয়ান ব্যঞ্জন বর্ণের উচ্চারণ

ㄱ [g] = গ
ㄷ [d] = দ,
ㅁ [m] = ম
ㅅ [s] = স
ㅈ [j] = জ, য
ㅋ [kh]= ক, খ, ক্ষ
ㅍ [f] = প, ফ

ㄴ [n] = ন, ণ
ㄹ [l,r] = র,ল
ㅂ [b] = ব
ㅇ [ng] = ং
ㅊ [chh] = ছ
ㅌ [th] = থ, ট, ঠ
ㅎ [h] = হ

▶ 받침

নীচে অক্ষর যোগ হওয়া

음악 এখানে অক্ষরের সাথে নীচে ㅁ,ㄱ : যোগ হয়েছে।
강 গাং মানে নদী, ㅇ নীচ বসে
새 স্যা মানে পাখী নীচে অক্ষর নাই
많다 মান্থা মানে অনেক ㄴㅎ নীচ বসে

▶ 받침 읽기

নীচে অক্ষর যোগ হওয়া শব্দ পড়া।

নীচে অক্ষর ব্যবহারের সময় উচ্চারণে তারতম্য দেখা যায়। উচ্চারণ বাংলায় লেখা দেখলে বুঝা যাবে কিভাবে উচ্চারণ করতে হবে।
먹다 – মগ্ দা
늙다 – নুগ্ দা এখানে ㄹ উচ্চারণ উজ্ঝ থাকে
안 আন্
앉다 আন্তা
닫다 দাত্তা
웃다 উত্তা
맞다 মাত্তা

알다 আল্দা
싫다 সিলথা
꿈 কুম
닮다 দাম্তা
밥 বাব
갚다 গাপ্তা
강 গাং
공항 গোংহাং

문법

ব্যাকরণ

한국어 문법
কোরিয়ান ব্যাকরণ

(1) মুল শব্দ + পোষ্টপোজিশনাল ওয়ার্ড । শব্দের শেষে (সাবজেক্ট) নীচে অক্ষর যুক্ত থাকলে 이
নাথাকলে 가 বসে । একই ভাবে শব্দের শেষে নীচে অক্ষর যুক্ত থাকলে 은 নাথাকলে 는 বসে ।

날씨가 좋아요.
ওয়েদার বেশ ভালো ।

저는 미잔이에요.
আমি হলাম মিজান ।

(2) শব্দের শেষে (অবজেক্ট) নীচে অক্ষর যুক্ত থাকলে 을 নাথাকলে 를 বসে ।

저는 밥을 먹었어요.
আমি ভাত খেয়েছি ।

저는 딸기를 좋아해요.
আমি তালগি পছন্দ করি ।.

시제 কাল

(1) 과거형 অতীত কাল

		동사 – 형동사 ক্রিয়া	변화과정	과거	কোরিয়ান উচ্চারণ	অর্থ	벵골어 발음
한국어	ক্রিয়ার ধাতুর সাথে ইত্তা যোগ হওয়া	가다	가+았다	갔다	গাত্তা	গিয়েছিল	기에칠러
		+있다	오+았다	왔다	অয়াত্তা	এসেছিল	에세칠러
		놀다	놀+았다	놀았다	নোরাত্তা	বেড়ায়েছিল	베라에칠러
		알다	알+았다	알았다	আরাত্তা	বুঝেছিল	부제칠러
	ক্রিয়ার ধাতুর সাথে নীচে শব্দগুলো যোগ হওয়া **이,우,위,의 +었다**	읽다	읽+었다	읽었다	ইল্গত্তা	পড়েছিল	뻐레칠러
		배우다	배우+었다	배웠다	ফ্যায়ত্তা	শিখেছিল	세케칠러
		쉬다	쉬+었다	쉬었다	সিসোয়ত্তা	বিশ্রাম করেছিল	비스람 꺼레 칠러
		쓰다	쓰+었다	썼다	সয়ত্তা	লিখেছিল	리케칠러
	ক্রিয়ার ধাতুর সাথে নীচে শব্দগুলো যোগ হওয়া **하다, 였다**	공부하다	공부하 +였다	공부했다	গোংবুহ্যাত্তা	লেখা পড়া করেছিল	레카 뻬라 꺼레칠러
		요리하다	요리하 +였다	요리했다	ইউরিহ্যাত্তা	রান্না করেছিল	란나 꺼레칠러
		사랑하다	사랑하 +였다	사랑했다	সারাংহ্যাত্তা	ভালোবেসেছিল	발로베세칠러
বাংলা	**동사–형용사 앞에 য়েছে 를 쓰면 과거형이된다**	ক্রিয়া	পরিবর্তনের বিষয়	অতীত	**벵골어 발음**	**뜻**	কোরিয়ান উচ্চারণ
		খাওয়া	খে+য়েছে	খেয়েছে	케에체	먹었다	মগয়ত্তা
		সুন্দর হওয়া	সুন্দর হ+য়েছে	সুন্দর হয়েছে	순더르 허에체	예뻤다	এপ্পয়ত্তা

(2) 미래형 ভবিষ্যৎ কাল

		동사 – 형동사	변화과정	미래	কোরিয়ান উচ্চারণ	অর্থ	벵골어 발음
한국어	মূল শব্দের সাথে যোগ হয়ে ভবিষ্যৎ কাল হয়	좋다	좋+을 것이다	좋을것 이다	জোউল গৎইদা	ভাল হবে	발로 허베
		+을 것이다	먹+을 것이다	먹을 것이다	মগউল গৎইদা	খাওয়া যাবে	카오아 자베
	মূল শব্দের সাথে যোগ হয়ে ভবিষ্যৎ কাল হয় +ㄹ것이다	만나다	만나+ ㄹ 것이다	만날 것이다	মাননাল গৎইদা	দেখা করবে	데카 꺼르베
		시원하다	시원하 +ㄹ 것이다	시원할 것이다	সিয়নহাল গৎইদা	শীতল হবে	시떨 허베

		ক্রিয়া	পরিবর্তনের বিষয়	ভবিষ্যৎ কাল	한국어로 발음	뜻	কোরিয়ান উচ্চারণ
বাংলা	동사– 형용사 앞에 বে/ব 를 쓰면 미래형이 된다	পান করা	পান কর +বে	পান করবে	빤 꺼르베	마실것이다	মাসিল গৎইদা
		খিদা লাগা	খিদা লাগ + বে	খিদা লাগবে	키다 락베	배가 고플 것이다	বেগাগোফু গৎইদা

벵골어의 시제는 인칭에 따라(1인칭–나, 2인칭–당신, 3인칭–그, 이것을 영어로 1st person, 2nd person, 3rd person 라고 합니다) 동사의 형태가 바뀐다. 한국어는 그렇지 않다.

Note: বাংলা ভাষায় পুরুষ অনুসারে (যেমন:১ম পুরুষ- আমি, ২য় পুরুষ-তুমি, ৩য় পুরুষ-সে, ইংরেজিতে যাকে 1st person, 2nd person, 3rd person বলে) ক্রিয়ার বর্তমান, অতীত ও ভবিষ্যৎ রূপ ভিন্ন হয়ে থাকে যা কোরিয়ান ভাষায় পুরুষ অনুসারে অভিন্ন।

(3) 현재형 বর্তমান কাল

		동사 –형동사	변화과정	현재	কোরিয়ান উচ্চারণ	অর্থ	벵골어 발음
한국어	মৌখিক ভাষা (구어)	사다	사 + 아요	사요	সায়ো	কিনি (1인칭)	끼니
	মূল শব্দের সাথে যোগ হয়ে বর্তমান কাল হয় + 아요/어요	느끼다	느끼 + 어요	느껴요	নুক্কিয়ও	অনুভব করো (2인칭)	어누법꺼리
		찍다	찍 +어요	찍어요	চিগয়ও	ছবি তুলে (3인칭)	처비 뚤레

			변화과정	현재	কোরিয়ান উচ্চারণ	অর্থ	벵골어 발음
한국어	মূল শব্দের সাথে যোগ হয়ে বর্তমান কাল হয় + 이, 우,+어요	어렵다	어려우+어요	어려워요	অরিয়োও	কঠিন	슈니
		들다	들+어요	들어요	দুরয়ও	শুনো(2인칭)	슈노
		듣다	들+어요	들어요	দুরয়ও	শুনে(3인칭)	슈네
লিখিত ভাষা 문어	মূল শব্দের সাথে যোগ হয় 하+어요	청소하다	청소하+여요	청소해요	ছংস্নেয়ও	ঝাড়ু দেন (2인칭, 존대)	자루덴
	মূল শব্দের সাথে যোগ হয়ে বর্তমান কাল হয় +ㅂ 니다	살다	살+ㅂ니다	삽니다	সাব্নিদা	বসবাস করেন (3인칭, 존대)	버서바스 꺼렌
		싸다	싸+ㅂ니다	쌉니다	সাব্নিদা	সস্তা	서스따
	মূল শব্দের সাথে যোগ হয়ে বর্তমান কাল হয় +습니다	작다	작+습니다	작습니다	ঝঘণ্ঠঢ়ম্মবপ্	খাটো	카토
বাংলা ভাষা (벵골어)	동사가 주어 뒤에 붙이면 된다. সাব্জেক্টের পরে ক্রিয়া বসে। 나는 먹어요 - আমি খাই।						

(4) 현재진행형 চলমান বর্তমান

		뜻	변화과정	현재진행형	কোরিয়ান উচ্চারণ	অর্থ	벵골어 발음
한국어	고 있다	세수하다	세수하+고 있다	세수하고 있다	সেসুহাগো ইত্তা	হাত মুখ ধৌত করছে (1인칭)	하뜨 무크 도우또 꺼르치
		마시다	마시+고 있다	마시고 있다	মাসিগো ইত্তা	পান করছে (2인칭)	빤 꺼르체

	동사 - 형용사	ক্রিয়া	পরিবর্তনের বিষয়	ভবিষ্যৎ কাল	벵골어 발음	뜻	কোরিয়ান উচ্চারণ
বাংলা	앞에 ছে 를 쓰면 과거 형이 된다	লেখাপড়া	লেখাপড়া + করছে	লেখাপড়া করছে	레카뻐라 꺼르체	공부하고 있다	গোমবু হাগো ইত্তা

(5) 소유격 সম্বন্ধবাচক কেস

	소유격	발음/উচ্চারণ	보기/উদাহরণ	발음 উচ্চারণ	뜻 অর্থ	발음 উচ্চারণ
한국어	의	উই (এর)	나의(내) /저의(제)	নায়ে(ন্যা) জয়ে (জে)	আমার	아마르
			아버지의 자동차	আবজিয়ে জাদোংছা	আব্বার গাড়ী	아빠르 가리
			너의(네) /당신의	নয়ে(নে) দাংসিনয়ে	আমার তোমার	아마르 또마르
			그의 집	গুয়ে জিব	তার বাসা	따르 바사
			우리의 저희의	উরিয়ে জহোইয়ে	আমাদের	아마데르
বাংলা	এর/য়ের /ের/র দে	에르	আপনাদের (দে)	아쁘나데르	여러분의	এরোবুনয়ে
			কার(র) বাসা	까르 바사	누구의 집	নুগুয়ে
			তাদের(দে) পোষাক	따데르 뽀샥	그들의 옷	গুদলয়ে
			যুবতীর(র) ছেলে বন্ধু	주버띠르 첼레 번두	그녀의 남자친구	গুনিয়য়ে নামজা ছুন্‌গু
			ছাত্রের(ের)	차뜨레르	학생의	হাগসেংয়ে

Note: 소유격의 경우, 벵골어 단어의 끝부분에 모음이 있으면 ।를 쓰고 모음이 없으면 এর=ের 를 쓰고, 복수일 때에는 마지막 র 의 전에 দে 를 쓴다.

ছাত্র (হাগ্‌সেং) ছাত্রের (학생의), তোমার (당신의)- তোমাদের (여러분의).

সম্বন্ধবাচক কেস-এর ক্ষেত্রে শব্দের শেষে স্বর-বর্ণ যুক্ত থাকলে র বসে স্বর-বর্ণ না থাকলে এর বসে, বহুবচনের ক্ষেত্রে শেষের র এর আগে দে বসে।

벵골어 문법
বাংলা ব্যাকরণ

일 하다(하) = কাজ করা (কর)

1인칭 আমি (나)

2인칭 তুমি (당신)

3인칭 সে (그)

তুমি = আপনি (존칭)

সে = তিনি(존칭)

	현재형 বর্তমান	현재진행형 চলমান বর্তমান
আমি (I)	আমি কাজ করি(কর +ই/ি) 아미 까즈 꺼리 나는 일해요 নানুন ইল হেও	আমি কাজ করছি (কর +ছি) 아미 까즈 꺼르치 나는 일하고 있어요 নানুন ইল্ হাগো ইস্য়ও
তুমি (you)	তুমি কাজ করো (কর +ও/ো) 뚜미 까즈 꺼로 আপনি কাজ করেন 아쁘니 까즈 꺼렌 당신 일해요 দাংসিন ইল হেও	তুমি কাজ করছো (কর +ছো) 뚜미 까즈 꺼르초 আপনি কাজ করছেন (কর +ছেন) 아쁘니 까즈 꺼르첸 당신 일하고 있어요 দাংসিন ইল্ হাগো ইস্য়ও
সে (he)	সে কাজ করে(কর +এ/ে) 세 꺼즈 꺼레 তিনি কাজ করেন 띠니 까즈 꺼렌 그는 일해요 গুবুন ইল হেও	সে কাজ করছে(কর +ছে) 세 까즈 꺼르체 তিনি কাজ করছেন (কর +ছেন) 디니 까즈 꺼르첸 그분 일하고 있어요 গুবুন ইল হাগো ইস্য়ও

Note: এ=য়ে

সে-그

তিনি-그분

과거형 present perfet	과거완료형 past perfect	과거진행형 past continous	미래형 Future
আমি কাজ করেছি (কর +য়েছি) 아미 까즈 꺼레치 나는 일했어요 নানুন ইল্ হেস্য়ও	আমি কাজ করেছিলাম (কর +য়েছিলাম) 아미 까즈 꺼레칠람 나는 일했었어요 নানুন ইল্ হেস্ অস্য়ও	আমি কাজ করতেছিলাম (কর +তেছিলাম) 아미 까즈 꺼르떼칠람 나는 일하고 있었어요 নানুন ইল্ হাগো ইস্ অস্য়ও	আমি কাজ করবো (কর +বো) 아미 까즈 꺼르보 나는 일할 거예요 নানুন ইল্হালকয়েও
তুমি কাজ করেছো (কর +য়েছো) 뚜미 까즈 꺼레초 আপনি কাজ করেছেন (কর +য়েছেন) 아쁘니 까즈 꺼레첸 당신 일했어요 দাংসিন ইল্ হেস্য়ও	তুমি কাজ করেছিলে (কর +য়েছিলে) 뚜미 까즈 꺼레칠레 আপনি কাজ করেছিলেন (কর +য়েছিলেন) 아쁘니 까즈 꺼레칠렌 당신 일했었어요 দাংসিন ইল্ হেস অস্য়ও	তুমি কাজ করতেছিলে (কর +তেছিলে) 뚜미 까즈 꺼르떼칠레 আপনি কাজ করতেছিলেন (কর +তেছিলেন) 아쁘니 까즈 꺼르떼칠렌 당신 일하고 있었어요 দাংসিন ইল্ হাগো ইস্ অস্য়ও	তুমি কাজ করবে (কর +বে) 뚜미 까즈 꺼르베 আপনি কাজ করবেন (কর +বেন) 아쁘니 까즈 꺼르벤 당신 일하실 거예요 দাংসিন ইল্ হাসিল্কয়েও
সে কাজ করেছে (কর +য়েছে) 세 까즈 꺼레체 তিনি কাজ করেছেন (কর +য়েছেন) 디니 까즈 꺼레첸 그분 일했어요 গুবুন ইল হেস্য়ও	সে কাজ করেছিল (কর +য়েছিল) 세 까즈 꺼레칠러 তিনি কাজ করেছিলেন (কর +য়েছিলেন) 디니 까즈 꺼레칠렌 그분 일했었어요 গুবুন ইল হেস্ অস্য়ও	সে কাজ করতেছিল (কর +তেছিল) 세 까즈 꺼르떼칠러 তিনি কাজ করতেছিলেন (কর +তেছিলেন) 디니 까즈 꺼르떼칠렌 그분 일하고 있었어요 গুবুন ইল হাগো ইস্ অস্য়ও	সে কাজ করবে (কর +বে) 세 까즈 꺼르베 তিনি কাজ করবেন (কর +বেন) 디니 까즈 꺼르벤 그분 일하실 거예요 গুবুন ইল হাসিল্কয়েও

벵골어 문법
বাংলা ব্যাকরণ

먹(다)= খা(ওয়া) , খা〉খে (과거).

가(다)= যা(ওয়া), যা〉গি(과거)

আমি ভাত খাই=나는 밥을 먹어요.

	현재형 বর্তমান	현재진행형 চলমান বর্তমান
1인칭 আমি (나),	আমি ভাত খাই (খা+ই) 아미 바뜨 카이 나는 밥을 먹어요 নানুন বাব্উল্ মগ্য়ও	আমি ভাত খাচ্ছি (খা+চ্ছি) 아미 바뜨 카찌치 나는 밥을 먹고 있어요 নানুন বাব্উল্ মগ্গো ইস্য়ও
2인칭 তুমি (당신), আপনি (존칭), তুমি (you)	তুমি ভাত খাও (খা+ও) 뚜미 바뜨 카오. আপনি ভাত খান (খা+ন) 아쁘니 바뜨 칸 당신 밥을 먹어요 দাংসিন বাব্ উল মগ্য়ও	তুমি ভাত খাচ্ছো (খা+চ্ছো) 뚜미 바뜨 카쯔초 আপনি ভাত খাচ্ছেন (খা +চ্ছেন) 아쁘니 바뜨 카쯔첸 당신 밥을 먹고 있어요 দাংসিন বাব্ উল মগ্গো ইস্য়ও
3인칭 সে (그), তিনি (존칭)	সে ভাত খায় (খা+য়) 세 바뜨 카에 তিনি ভাত খান (খা+ন) 띠니 바뜨 칸 그 분 밥을 먹어요 গুবুন্ বাব্ উল মগ্য়ও	সে ভাত খাচ্ছে (খা+চ্ছে) 세 바뜨 카쯔체 তিনি ভাত খাচ্ছেন (খা +চ্ছেন) 띠니 바뜨 카쯔첸 그 분 밥을 먹고 있어요 গুবুন্ বাব্ উল মগ্গো ইসয়ও

과거형 present perfet	과거완료형 past perfect	과거진행형 past continous	미래형 Future
আমি ভাত খেয়েছি (খে+য়েছি) 아미 바뜨 케에치 나는 밥을 먹었어요 নানুন বাব্উল্ মগ্অসয়ও	আমি ভাত খেয়েছিলাম (খে+য়েছিলাম) 아미 바뜨 케에칠람 나는 밥을 먹었었어요 নানুন বাব্উল্ মগ্ অস্অস্য়ও	আমি ভাত খাচ্ছিলাম (খা+চ্ছিলাম) 아미 바뜨 카쯔칠람 나는 밥을 먹고 있었어요 নানুন বাব্উল্ মগ্গো ইস্অসয়ও	আমি ভাত খাবো (খা+বো) 아미 바뜨 카보 나는 밥을 먹을거예요 নানুন বাব্উল্ মগউল্গয়েও
তুমি ভাত খেয়েছো (খে+য়েছো) 뚜미 바뜨 케에초 আপনি ভাত খেয়েছেন (খে+য়েছেন) 아쁘니 바뜨 케에첸 당신 밥을 먹었어요 দাংসিন বাব্ উল মগ্অস্য়ও	তুমি ভাত খেয়েছিলে(খে+য়েছিলে) 뚜미 바뜨 케에칠레 আপনি ভাত খেয়েছিলেন (খে+য়েছিলেন) 아쁘니 바뜨 케에칠렌 당신 밥을 먹었었어요 দাংসিন বাব্ উল মগ্অস্অস্য়ও	তুমি ভাত খাচ্ছিলে (খা+চ্ছিলে) 뚜미 바뜨 카쯔칠레 আপনি ভাত খাচ্ছিলেন (খা+চ্ছিলেন) 아쁘니 바뜨 카쯔칠렌 당신 밥을 먹고 있었어요 দাংসিন বাব্ উল মগ্গো ইস্অস্য়ও	তুমি ভাত খাবে (খা+বে) 뚜미 바뜨 카베 আপনি ভাত খাবেন (খা+বেন) 아쁘니 바뜨 카벤 당신 밥을 먹을거예요 দাংসিন বাব্ উল মগ্উল্গয়েও
সে ভাত খেয়েছে (খে+য়েছে) 세 바뜨 카에체 তিনি ভাত খেয়েছেন (খে+য়েছেন) 띠니 바뜨 케에첸 그 분 밥을 먹었어요 গুবুন্ বাব্ উল মগ্অসয়ও	সে ভাত খেয়েছিল (খে+য়েছিল) 세 바뜨 카에칠러 তিনি ভাত খেয়েছিলেন (খে+য়েছিলেন) 띠니 바뜨 케에칠렌 그 분 밥을 먹었었어요 গুবুন্ বাব্ উল মগ্অস্অস্য়ও	সে ভাত খাচ্ছিল (খা+চ্ছিল) 세 바뜨 카쯔칠러 তিনি ভাত খাচ্ছিলেন (খা+চ্ছিলেন) 띠니 바뜨 케쯔칠렌 그 분 밥을 먹고 있었어요 গুবুন্ বাব্ উল মগ্গো ইস্অস্য়ও	সে ভাত খাবে (খা+বে) 세 바뜨 카베 তিনি ভাত খাবেন (খা+বেন) 띠니 바뜨 카벤 그분 밥을 먹을거예요 গুবুন্ বাব্ উল মগ্উল্গয়েও

벵골어 문법
বাংলা ব্যাকরণ

자(다)= ঘুমা(নো)

	현재형 বর্তমান	현재진행형 চলমান বর্তমান
1인칭 আমি (나),	আমি ঘুমাই (ঘুমা+ই) 아미 구마이 나는 자요 নানুন জায়ও	আমি ঘুমাচ্ছি (ঘুমা+চ্ছি) 아미 구마쯔치 나는 자고 있어요 নানুন জাগো ইস্য়ও
2인칭 তুমি (당신), আপনি (존칭), তুমি (you)	তুমি ঘুমাও (ঘুমা+ও) 뚜미 구마오. আপনি ঘুমান (ঘুমা+ন) 아쁘니 구만 당신 자요 দাংসিন জায়ও	তুমি ঘুমাচ্ছো (ঘুমা+চ্ছো) 뚜미 구마쯔초 আপনি ঘুমাচ্ছেন (ঘুমা+চ্ছেন) 아쁘니 구마쯔첸 당신 자고 있어요 দাংসিন জাগো ইস্য়ও
3인칭 সে (그), তিনি (존칭)	সে ঘুমায় (ঘুমা+য়) 세 구마에 তিনি ঘুমান (ঘুমা+ন) 띠니 구만 그 분 자요 গুবুন্ জায়ও	সে ঘুমাচ্ছে (ঘুমা+চ্ছে) 세 구마쯔체 তিনি ঘুমাচ্ছেন (ঘুমা+চ্ছেন) 띠니 구마쯔체 그 분 자고 있어요 গুবুন্ জাগো ইসয়ও

과거형 present perfet	과거완료형 past perfect	과거진행형 past continous	미래형 Future
আমি ঘুমায়েছি (ঘুমা+য়েছি) 아미 구마에치 나는 잤어요 নানুন জাস্অয়ও	আমি ঘুমায়েছিলাম (ঘুমা+য়েছিলাম) 아미 구마에칠람 나는 잤었어요 নানুন জাস্অস্অয়ও	আমি ঘুমাচ্ছিলাম (ঘুমা+চ্ছিলাম) 아미 구마쯔칠람 나는 자고 었었어요 নানুন জাগোইস্অস্য়ও	আমি ঘুমাবো (ঘুমা+বো) 아미 구마보 나는 잘거예요 নানুন জাল্গয়েও
তুমি ঘুমায়েছো (ঘুমা+য়েছো) 뚜미 구마에초 আপনি ঘুমায়েছেন (ঘুমা+য়েছেন) 아쁘니 구마에첸 당신 잤어요 দাংসিন জাস্অয়ও	তুমি ঘুমায়েছিলে (ঘুমা+য়েছিলে) 뚜미 구마에칠레 আপনি ঘুমায়েছিলেন (ঘুমা+য়েছিলেন) 아쁘니 구마에칠렌 당신 잤었어요 দাংসিন জাস্অস্অয়ও	তুমি ঘুমাচ্ছিলে (ঘুমা+চ্ছিলে) 뚜미 구마쯔칠레 আপনি ঘুমাচ্ছিলেন (ঘুমা+চ্ছিলেন) 아쁘니 구마쯔칠렌 당신 자고 었었어요 দাংসিন জাগোইস্অস্য়ও	তুমি ঘুমাবে (ঘুমা+বে) 뚜미 구마베 আপনি ঘুমাবেন (ঘুমা+বেন) 아쁘니 구마벤 당신 잘거예요 দাংসিন জালগয়েও
সে ঘুমায়েছে (ঘুমা+য়েছে) 세 구마에체 তিনি ঘুমায়েছেন (ঘুমা+য়েছেন) 띠니 구마에첸 그 분 잤어요 গুবুন্ জাস্অয়ও	সে ঘুমায়েছিল (ঘুমা+য়েছিল) 세 구마에칠러 তিনি ঘুমায়েছিলেন (ঘুমা+য়েছিলেন) 띠니 구마에칠렌 그 분 잤었어요 গুবুন্ জাস্অস্অয়ও	সে ঘুমাচ্ছিল (ঘুমা+চ্ছিল) 세 구마쯔칠러 তিনি ঘুমাচ্ছিলেন (ঘুমা+চ্ছিলেন) 띠니 구마쯔칠렌 그 분 자고 었었어요 গুবুন্ জাগো ইস্অস্য়ও	সে ঘুমাবে (ঘুমা+বে) 세 구마베 তিনি ঘুমাবেন (ঘুমা+বেন) 띠니 구마벤 그분 잘거예요 গুবুন্ ব জালগয়েও

한국어 자음과 모음의 발음

কোরিয়ান ব্যঞ্জন বর্ণ ও স্বর-বর্ণের উচ্চারণ

	ㅏ া a	ㅑ ইয়া ya	ㅓ অ eo	ㅕ ইয় yeo	ㅗ ো/ও o	ㅛ ইও yo	ㅜ ু,ূ/উ u	ㅠ ইউ yu	ㅡ ু, ু eu	ㅣ ি/ই i
ㄱ গ k/g	가 গা ga	갸 গিয়া gya	거 গ geo	겨 গিয় gyeo	고 গো go	교 গিও gyo	구 গু gu	규 গিউ gyu	그 গু geu	기 গি gi
ㄴ ন n	나 না na	냐 নিয়া nya	너 ন neo	녀 নিয় nyeo	노 নো no	뇨 নিও nyo	누 নু nu	뉴 নিউ nyu	느 নু neu	니 নি ni
ㄷ দ d	다 দা da	댜 দিয়া dya	더 দ deo	뎌 দিয় dyeo	도 দো do	됴 দিও dyo	두 দু du	듀 দিউ dyu	드 দু deu	디 দি di
ㄹ র/ল r/l	라 রা ra	랴 রিয়া rya	러 র reo	려 রিয় ryeo	로 রো ro	료 রিও ryo	루 রু ru	류 রিউ ryu	르 লু leu	리 রি ri
ㅁ ম m	마 মা ma	먀 মিয়া mya	머 ম meo	며 মিয় myeo	모 মো mo	묘 মিও myo	무 মু mu	뮤 মিউ myu	므 মু meu	미 মি mi
ㅂ ব p/b	바 বা ba	뱌 বিয়া bya	버 ব beo	벼 বিয় byeo	보 বো bo	뵤 বিও byo	부 বু bu	뷰 বিউ byu	브 বু beu	비 বি bi
ㅅ স s	사 সা sa	샤 শিয়া shya	서 স seo	셔 শিয় shyeo	소 সো so	쇼 শিও shyo	수 সু su	슈 শিউ shyu	스 সু seu	시 সি si
ㅇ ইয়ং eung	아 আ a	야 ইয়া ya	어 অ eo	여 ইয় yeo	오 ও o	요 ইও yo	우 উ u	유 ইউ yu	으 উ eu	이 ই i
ㅈ জ j	자 জা ja	쟈 জিয়া jya	저 জ jeo	져 জিয় jyeo	조 জো jo	죠 জিও jyo	주 জু ju	쥬 জিউ jyu	즈 জু jeu	지 জি ji
ㅊ ছ chh	차 ছা chha	챠 ছিয়া chhya	처 ছ chheo	쳐 ছিও chhyeo	초 ছো chho	쵸 ছিও chhyo	추 ছু chhu	츄 ছিউ chhyu	츠 ছু chheu	치 ছি chhi
ㅋ খ kh	카 খা kha	캬 খিয়া khya	커 খ kheo	켜 খিয় khyeo	코 খো kho	쿄 খিও khyo	쿠 খু khu	큐 খিউ khyu	크 খু kheu	키 খি khi
ㅌ থ t/th	타 থা ta	탸 থিয়া tya	터 থ teo	텨 থিয় tyeo	토 থো to	툐 থিও tyo	투 থু tu	튜 থিউ tyu	트 থু teu	티 থি ti
ㅍ ফ f	파 ফা fa	퍄 ফিয়া fya	퍼 ফ feo	펴 ফিয় fyeo	포 ফো fo	표 ফিও fyo	푸 ফু fu	퓨 ফিউ fyu	프 ফু feu	피 ফি fi
ㅎ হ h	하 হা ha	햐 হিয়া hya	허 হ heo	혀 হিয় hyeo	호 হো ho	효 হিও hyo	후 হু hu	휴 হিউ hyu	흐 হু heu	히 হি hi

বি:দ্র : ㅡ/으 এর উচ্চারণ ই এবং উ এর মাঝামাঝি যা বাংলা ভাষায় নাই। সে জন্য এটাকে লেখার সময় উ উচ্চারণে লেখা হলো। উচ্চারণের সময় অবশ্যই ই এবং উ এর মাঝামাঝি উচ্চারণ করতে হবে।

Ⅱ

기본 필수 단어
বেসিক অপরিহার্য শব্দ

호칭
টাইটেল / সম্বোধন

가족 호칭
পারিবারিক টাইটেল

주로 부부를 중심으로 친족 관계에 있는 사람들의 집단.
또는 그 구성원.

বাংলা ভাষা	벵골어 발음	한국어	কোরিয়ান উচ্চারণ
আব্বা	압바	아빠, 아버지	আপ্পা, আবজি
মা	마	엄마, 어머니	অম্মা, অমনি
বড় ভাই	버로 바이	형(ছেলেরা ডাকার ক্ষেত্রে)	হিয়ং
বড় ভাইয়া	버로 바이아	오빠(মেয়েরা ডাকার ক্ষেত্রে)	ওপ্পা
বড় বোন	버로 본	누나(ছেলেরা ডাকার ক্ষেত্রে)	নুনা
বুবু	부부	언니(মেয়েরা ডাকার ক্ষেত্রে)	অন্নি
ছোট ভাই বোন	초터 바이 본	동생	দোংসেং
ছোট ভাই	초터 바이	남동생	নাম দোংসেং
ছোট বোন	초터 본	여동생	ইয় দোংসেং
স্বামী	샤미	남편	নামফিয়ন
স্ত্রী	스띠리	아내	আনে
ছেলে	첼레	아들	আদল
মেয়ে	메에	딸	তাল
ভাই	바이	형제	হিয়ংজে
বোন	본	자매	জামে
ভাইবোন	바이 본	남매	নামে

부계 호칭পারিবারিক সম্পর্কের টাইটেল-(বাবার পক্ষ)

বাংলা ভাষা	벵골어 발음	한국어	কোরিয়ান উচ্চারণ
দাদা	다다	친할아버지	ছিন্হারাবজি
দাদি	다디	친할머니	ছিন্হারমনি
বড় চাচা	버러 짜짜	큰 아버지	খুন আবজি
বড় চাচী	버러 짜찌	큰 어머니	খুন অমনি
ছোট চাচা	초터 짜짜	작은 아버지	জাগ্উন্ আবজি
ছোট চাচী	초터 짜찌	작은 어머니	জাগ্উন্ অমনি
চাচা	짜짜	삼촌	সাম্ছোন্
ফুফু শাশুড়ী	푸푸 샤수리	숙모	সুগ্মো
ফুফু	푸푸	고모	গোমো
ফুফা	푸파	고모부	গোমোবু

모계 호칭 পারিবারিক সম্পর্কের টাইটেল (মায়ের পক্ষ)

বাংলা ভাষা	벵골어 발음	한국어	কোরিয়ান উচ্চারণ
নানা	나나	외할아버지	ওইহারাবজি
নানী	나니	외할머니	ওইহারমনি
মামা	마마	외삼촌	ওয়ে সাম্ছোন্
মামী	마미	외숙모	ওয়ে সুগ্মো

খালা	칼라	이모	ইমো
খালু	칼루	이모부	ইমোবু

웃 어른을 부를때 호칭 উর্ধতনদের ডাকার সময় টাইটেল

বাংলা ভাষা	벵골어 발음	한국어	কোরিয়ান উচ্চারণ
শাশুড়ী(স্বামীর মা)	샤수리	시어머니	সি অমনি
শশুর(স্বামীর বাবা)	셔수르	시아버지	সি আবজি
স্ত্রীর বড় বোন	스띠리르 버러 본	올케언니	ওল্খে অন্নি
ভাসুর	바수르	아주버님	আজুবোনিম
শাশুড়ী(স্ত্রীর মা)	샤수리	장모님	জাংমোনিম
শশুর(স্ত্রীর বাবা)	셔수르	장인	জাংইন
দুলাভাই	둘라 바이	형부	হিয়ংবু
ভাবী	바비	형수	হিয়ংসু
দুলাভাই (ছেলেরা ডাকার সময়)	둘라바이 (남자들 부를때)	매형	মেহিয়ং

아랫 사람을 부를때 호칭 সম্পর্কে ছোটদের ডাকার সময় টাইটেল

বাংলা ভাষা	벵골어 발음	한국어	কোরিয়ান উচ্চারণ
মেয়ের স্বামী	메에르 사미	사위	সাউয়ি
ছেলের বউ	첼레르 버우	며느리	মিয়নোরী
নাতী	나띠	손자	সোন্জা
নাতনী	나뜨니	손녀	সোন্নিয়
শালী	샬리	올케	ওল্খে

ছোট বোনের স্বামী	초터 보네르 사미	제부씨	জেবুসি
ছোট ভাইয়ের বউ	초터 바이에르 버우	제수씨	জেসুসি
ছোট বোনের স্বামী	초터 보네르 사미	매제	ম্যজে
ছোট ভাইয়ের বউ	초터 바이에르 버우	제수	জোসু
শালীর স্বামী	샬리르 사미	동서	দোংস
ভাইপো / ভাইঝি	바이뽀 / 바이지	조카	জোখা

사촌간 호칭 চাচাতো সম্পর্কের টাইটেল

বাংলা ভাষা	벵골어 발음	한국어	কোরিয়ান উচ্চারণ
আত্মীয়	아띠어	친척	ছিন্‌ছক্‌
চাচাতো ভাই (মেয়েরা ডাকার সময়)	짜짜또 바이 (여자가 부를때 같아요)	사촌오빠	সাছোন ওপ্পা
চাচাতো ভাই (ছেলেরা ডাকার সময়)	짜짜또 바이 (남자가 부를때 같아요)	사촌형	সাছোন হিয়ং
চাচাতো বোন (ছেলেরা ডাকার সময়)	짜짜또 본 (남자가 부를때 같아요)	사촌누나	সাছোন নুনা

그 외 호칭 এছাড়া সম্পর্কের টাইটেল

বাংলা ভাষা	벵골어 발음	한국어	কোরিয়ান উচ্চারণ
ধর্ম বাবা	더르머 바바	양아버지	ইয়াং আবজি
ধর্ম মা	더르머 바	양어머니	ইয়াং অমনি
ধর্ম ছেলে মেয়ে	더르머 첼레 메에	양자	ইয়াংজা
সৎ বাবা	서뜨 바바	계부	গেওবু
সৎ মা	서뜨 마	계모	গেওমো
প্রতিবেশী	쁘러띠베시	이웃	ইউস্‌

숫자

সংখ্যা

숫자 সংখ্যা

숫자 (일, 주, 월, 년, 분, 초, 돈...셀 때)

সংখ্যা (দিন, সপ্তাহ, মাস, বছর, মিনিট, সেকেন্ড, টাকা, ইত্যাদি গননা করার সময়)

বাংলা ভাষা	벵골어 발음	한국어	কোরিয়ান উচ্চারণ
শূন্য, জিরো	순노, 지로	영, 공	ইয়ং, গোং
এক	엒	일/하나	ইল্/হানা
দুই	두이	이/둘	ই/দোল
তিন	띤	삼/셋	সাম্/সেৎ
চার	짜르	사/넷	সাঞ্জ/নেৎ
পাঁচ	빠쯔	오/다섯	ও/দাসৎ
ছয়	처이	육/여섯	ইউগ/ইয়সৎ
সাত	사뜨	칠/일곱	ছিল্/ইলগোব
আট	아트	팔/여덜	ফাল্/ইয়দল
নয়	너이	구/아홉	গু/আহোব
দশ	더스	십/열	সিব্/ইয়ল
এগারো	에가로	십일/열 하나	সিব্ ইল্/ইয়ল হানা
বারো	바로	십이/열 둘	সিব্ ই/ইয়ল দোল
তেরো	떼로	십삼/열셋	সিব্ সাম্/ইয়ল সেৎ
বিশ	비스	이십/스물	ই সিব্/সুমুল
একুশ	에꾸스	이십일	ই সিব্ ইল্
বাইশ	바이스	이십이	ইসিব্ ই

তেইশ	떼이스	이십삼	ইসিব্ সাম্
ত্রিশ	뜨리스	서른	সরন
চল্লিশ	쩔리스	마흔	মাহন
একশত	엑 서떠	백	বেগ্
একশত এক	엑 서떠 엑	백일	বেগ ইল্
দুই শত	두이 서떠	이백	ই বেগ্
এক হাজার	엑 하자르	천	ছন্
দশ হাজার	더스 하자르	만	মান্
দশ লক্ষ	더스 너커	백만	বেগ্ মান্

▶ **벵골어로 십 단위부터 숫자를 읽을 때**

বাংলায় দশ থেকে সংখ্যা গননার সময়

12 십이 – 열 둘 – বারো

22 이십이 – 스물 둘 – বাইশ

19 십구 – 열 아홉 – উনিশ

29 이십구 – 스물 아홉 – উনত্রিশ

50 번찌스 – 쉰 – শিন

60 샤트 – 예순 – ইয়েসুন

70 서떠르 – 일흔 – ইল্হন্

80 아시 – 여든 – ইয়দন্

기수

물건을 셀 때 단위 দ্রব্যাদি গননা করার একক

বাংলা ভাষা	벵골어 발음	한국어	কোরিয়ান উচ্চারণ
একটা বাড়ী	엑타 바리	집 한 채	জিব হান ছে
একটা গাড়ী	엑타 가리	차 한 대	ছা হান দে
দুইটা রুম	두이타 룸	방 두 칸	বাং দু খান

দুই খানা বই	두이 카나 버이	책 두 권	ছেগ দু গোন
তিন খানা নোট বুক	띤 카나 노트 북	공책 세 권	গোংছেগ্ সে গোন
এক খানা কাগজ (টাকা, টিকেট)	엑 카나 까거즈(타까,티껫)	종이(돈,표) 한 장	জোংই(দোন, ফিও)হান জাং
এক জোড়া জুতা	엑 조라 주따	구두 한 켤레	গুদু হান খিয়ল্লে
এক জোড়া মোজা	엑 조라 모자	양말 한 켤레	ইয়াংমাল হান খিয়ল্লে
চারটা আপেল	짜르타 아뻴	사과 네 개	সাগোয়া নে গে
পাঁচ বাক্স লামিয়ন	빠쯔 박스 라면	라면 다섯 박스	লামিয়ন দাসৎ বাক্স
ছয় জন	처이 전	여섯 명 (분)	ইয়সৎ (বু)
সাতটা কাক্ড়া (মুরগী, হাস...)	사뜨타 깍라	개(닭, 오리...)일곱 마리	গে (থাক, ওরি ....)
আট বছর	아트 버처르	여덟 살	ইয়দল সাল
দুই হাত	두이 하뜨	두 팔	দু ফাল
নয় বোতল মদ (বিয়ার)	너이 보털 먿(비아르)	술(맥주) 아홉 병	সুল(মেগজু) আহোব বিয়ং
দুই কাপ পানী	두이 까쁘 빠니	물 두 컵	মুল দু কপ্
তিন কাপ কফি	띤 까쁘 커피	커피(차) 세 잔	কফি (ছা) সে জাং
এক খন্ড দুবু	엑 컨더 두부	두부 한 모	দুবু হান মো
এক প্লেট ডিম	엑 쁠레트 딤	계란 한 판	গেরান হান ফান্
এক বক্স ক্যান্ডি	엑 박스 캔디	사탕 한 상자	সাথাং হান সাংজা
দুইটা কলম	두이타 껄럼	펜 두 자루	পেন দু জারু
একটা বাধা কপি	엑타 바다 꺼삐	양배추 한 포기	ইয়াং বেছু হান ফোগি
দুই মুঠা মিনারী	두이 무타 미나리	미나리 두 단	মিনারী দু দান
এক গুচ্ছ ফুল	엑 구쯔처 풀	꽃 한 다발	কোছ্ হান দাবাল

এক থোকা আংগুর	엑 토까 앙구르	포도 한 송이	ফোদো হান সোংই
একটা ফুল	엑타 풀	꽃 한 송이	কোছ্ হান সোংই
এক ঝুড়ি বরই	엑 주리 버러이	자두 한 바구니	জাদু হান বাগুনী
সারা রাত	사라 라뜨	일 박	ইল বাগ্
তিন সেট ড্রেস	띤 셑 드레스	옷 세 벌	ওৎ সে বল্
একবার ফোন করা	엑 바르 폰 꺼라	전화 한 통	জন্হোয়া হান থোং
একটা তরমুজ	엑타 떠르뭊	수박 한 통	সুবাগ হান থোং
দুই বক্স গিম্চি	두이 박스 김치	김치 두 통	গিম্চি দু থোং
এক ছড়া কলা	엑 처라 껄라	바나나 한 다발	বানানা হান দাবাল
একটা গাছ	엑타 갗	나무 한 그루	নামু হান গোরু
আমের প্যাকেট একটা	아메르 빼께트 엑타	망고 한 봉지	মাংগো হান বোংজি
এক বাটি ভাত	엑 바티 바뜨	밥 한 그릇(한 공기)	ভাব হান গোরুৎ (হান গোংগি)
এক বেলা খাওয়া	엑 벨라 카오아	식사 한 끼	সিগ্সা হান কি

순서 ক্রমিক সংখ্যা

বাংলা ভাষা	벵골어 발음	한국어	কোরিয়ান উচ্চারণ
প্রথম	쁘러텀	첫째	ছস্চে
দ্বিতীয়	디띠어	둘째	দুল্চে
তৃতীয়	뜨리띠어	셋째	সেস্চে
চতুর্থ	쩌뚜르터	넷째	নেস্চে

시간

সময়

시간 단위 표시 সময় এককের চিহ্ন

বাংলা ভাষা	벵골어 발음	한국어	কোরিয়ান উচ্চারণ
সময়	서머이	시간	সিগান
সেকেন্ড	세껜드	초	ছো
মিনিট	미니트	분	বুন
ঘন্টা	건타	시	সি

시간 있어요?
সিগান ইস্‌য়ও

সময় আছে কি?
서머에 아체 끼

몇 시, 몇 분, 몇 초에 출발하세요?
মিয়ছ্‌ সি, মিয়ছ্‌ বুন, মিয়ছ্‌ ছোয়ে ছুল্‌বার হাসেও

কয়টা, কয় মিনিট,কয় সেকেন্ডে রওনা হবেন?
꺼이타, 꺼이 미니트, 꺼이 세껜데 러오나 허벤

사계절 চার ঋতু

বাংলা ভাষা	벵골어 발음	한국어	কোরিয়ান উচ্চারণ
ঋতু	리뚜	계절	গেজল্‌
বসন্ত	버선떠	봄	বোম্‌
গ্রীষ্ম	그리스머	여름	ইয়রোম
শরৎ	서럿	가을	গাউল
শীত	시뜨	겨울	গেউল
চার ঋতু	짜르 리뚜	춘-하-추-동	ছুনহাছুদোং

날짜 তারিখ

বাংলা ভাষা	벵골어 발음	한국어	কোরিয়ান উচ্চারণ
দিন	딘	일	ইল
মাস	마스	월, 달	অল, দাল
বছর	버처르	년	নিয়ন

요일 দিন বা বার

বাংলা ভাষা	벵골어 발음	한국어	কোরিয়ান উচ্চারণ
রবি বার	러비 바르	일요일	ইর্ ইয়ইল
সোম বার	솜 바르	월요일	অর্ ইয়ইল
মংগল বার	멍걸 바르	화요일	হোয়া ইয়ইল
বুধ বাব	붇 바르	수요일	সু ইয়ইল
বৃহস্পতি বার	브리헛뻐띠 바르	목요일	মোগ ইয়ইল
শুক্র বার	슈러 바르	금요일	গুম ইয়ইল
শনি বার	서니 바르	토요일	থো ইয়ইল

어제는 수요일였어요.
অজেনুন সুইউইল ইয়স্য়ও

গতকাল বুধবার ছিল।

거떠깔 붇바르 칠로

주 সপ্তাহ

বাংলা ভাষা	벵골어 발음	한국어	কোরিয়ান উচ্চারণ
সপ্তাহ	서쁘따허	주	জু
এই সপ্তাহ	에이 서쁘따허	이번주	ইবন জু
পরের সপ্তাহ	뻐레르 서쁘따허	다음주	দাউম জু
গত সপ্তাহ	거떠 서쁘따허	지난주	জিনান জু
এক সপ্তাহ	엒 서쁘따허	일주일	ইল জুইল
দুই সপ্তাহ	두이 서쁘따허	이주일	ই জুইল
তিন সপ্তাহ	띤 서쁘따허	삼주일	সাম জুইল
প্রথম সপ্তাহ	쁘텀 서쁘따허	첫째 주	ছস্চে জু
দ্বিতীয় সপ্তাহ	디띠어 서쁘따허	둘째(두번째 주)	দুলচে জু
তৃতীয় সপ্তাহ	뜨리띠어 서쁘따허	셋째(세번째 주)	সেস্চে জু
শেষ সপ্তাহ	세스 서쁘따허	마지막 주	মাজিমাগ জু

다음주에 방글라데시에 가요.
দাউম জুয়ে বাংলাদেশে গায়ও

পরের সপ্তাহে বাংলাদেশ যাব।
뻐레르 서쁘따헤 방글라데셰 자보

시점 সময়

বাংলা ভাষা	벵골어 발음	한국어	কোরিয়ান উচ্চারণ
আজ	아즈	오늘	অনোল
গতকাল	거떠깔	어제	অজে
আগামীকাল	아가미깔	내일	নেইল
সকাল	서깔	아침	আছিম
দুপুর	두뿌르	점심	জমসিম

বিকাল	비깔	오후	ওহু
সন্ধ্যা	선다	저녁	জনিয়গ
রাত	라뜨	밤	বাম
দিন	딘	낮	নাজ

낮에 덥고 밤에 추워요.
নাজে দবগো বামে ছুওয়ও

দিনে গরম রাতে শীত।
디네 거러므 라떼 시뜨

월 মাস

বাংলা ভাষা	벵골어 발음	한국어	কোরিয়ান উচ্চারণ
জানুয়ারী	자누아리	일월	ইর্অল
ফেব্রুয়ারী	펩루아리	이월	ইঅল
মার্চ	마르스	삼월	সাম্অল
এপ্রিল	에쁘릴	사월	সাঅল
মে	메	오월	ওঅল
জুন	준	유월	ইউঅল
জুলাই	줄라이	칠월	ছির্অল
আগষ্ট	아거스터	팔월	ফার্অল
সেপ্টেম্বর	세쁘템버르	구월	গুঅল
অক্টোবর	웍터버르	시월	সিঅল
নভেম্বর	너벰버르	십일월	সিব্ইর্অল
ডিসেম্বর	디셈버르	십이월	সিব্ইঅল

몇 월에 가요?
মিয়ছ অলয়ে গাও

কি মাসে যাবেন?
끼 마세 자벤

일,월,년 세우기 দিন, মাস, বছর গননা করা

বাংলা ভাষা	벵골어 발음	한국어	কোরিয়ান উচ্চারণ
পরের বছর	뻐레르 버서르	내년	নে নিয়ন
গত বছর	거떠 버서르	작년	জাগ্ নিয়ন
দুই বছর আগে	두이 비서르 아게	이년 전	ই নিয়ন জন্
তিন বছর আগে	띤 버서르 아게	삼년 전	সাম্ নিয়ন জন্
দুই বছর পর	두이 버서르 뻐르	이년 후	ই নিয়ন হু
তিন বছর পর	띤 버서르 뻐르	삼년 후	সাম্ নিয়ন হু
একদিন	엑딘	하루	হারু
দুই দিন	두이 딘	이틀	ইথোল্
তিন দিন	띤 딘	삼일	সাম ইল্
চার দিন	짜르 딘	사일	সা ইল্
পাচ দিন	빠쯔 딘	오일	ও ইল্
এক মাস	엑 마스	한달/ 일개월	হান্ দাল/ইল্ গেঅল্
দুই মাস	두이 마스	두달/ 이개월	দুদাল/ই গেঅল্
এক বছর	엑 버서르	일년	ইল্ নিয়ন
দুই বছর	두이 버서르	이년	ই নিয়ন
তিন বছর	띤 버서르	삼년	সাম্ নিয়ন
পনের বছর	뻐네로 버서르	십오년	সিব্ ও নিয়ন

사 일 동안 한국에 있었어요.
সাইল দোংয়ান হান্গুগয়ে ইস্ওস্য়ও

চার দিন নাগাদ কোরিয়ায় ছিলাম।
짜르 딘 나가드 코리아에 칠람

나이

বয়স

사람이나 동 • 식물 따위가 세상에 나서 살아온 햇수.

বাংলা ভাষা	벵골어 발음	한국어	কোরিয়ান উচ্চারণ
বছর, বয়স, বড়দের বয়স	버서르, 버어스, 버러데르 버어스	살, 나이, 연	সাল, নায়ি, ইয়ন্সে
এক বছর	엑 버서르	한살	হানসাল
দুই বছর	두이 버서르	두살	দুসাল
তিন বছর	띤 버서르	세살	সেসাল
চার বছর	짜르 버서르	네살	নেসাল
দশ বছর	더스 버서르	열살	ইয়ল্সাল
পনের বছর	뻐네로 버서르	열 다섯살	ইয়ল্ দাসস্সাল
বিশ বছর	비스 버서르	스무살	সুমুল্ সাল
একুশ বছর	에꾸스 버서르	스물 한 살	সুমুল্ হান্ সাল
বাইশ বছর	바이스 버서르	스물 두 살	সুমুল্ দু সাল
ত্রিশ বছর	뜨리스 버서르	서른살	সরন্ সাল
এক ত্রিশ বছর	엑 뜨리스 버서르	서른 한 살	সরন্ হান্ সাল
বত্রিশ বছর	버뜨리스 버서르	서른 두 살	সরন্ দু সাল
চল্লিশ বছর	쩔리스 버서르	마흔 살	মাহোন সাল
এক চল্লিশ বছর	엑쩔리스 버서르	마흔 한 살	মাহোন হান সাল
বিয়াল্লিশ বছর	비알리스 버서르	마흔 두 살	মাহোন দু সাল
পঞ্চাশ বছর	뻔짜스 버서르	쉰 살	সুইন সাল

এক পঞ্চাশ বছর	엑 뻔짜스 버서르	쉰 한 살	সুইন হান সাল
বায়ান্ন বছর	바얀노 버서르	쉰 두 살	সুইন দু সাল
ষাট বছর	샤트 버서르	예순 살	ইয়েসুন সাল
সত্তর বছর	서떠르 버서르	일흔 살	ইল্হোন্ সাল
আশি বছর	아시 버서르	여든 살	ইওদোন সাল
নব্বই বছর	넙버이 버서르	아흔 살	আহোন সাল
পরের বছর	뻐레르 버서르	내년	নে বছর
গত বছর	거떠 버서르	작년	জাগ্ বছর
দুই বছর আগে	두이 버서르 아게	이년 전	ই বছর জন

몇 살이에요?
মিয়ছ সালইয়েও

বয়স কত?
뵈어스 꺼떠

스물 네 살이에요.
সুমুল নে সালইয়েও

চব্বিশ বছর।
쩝비스 버척

나이 보다 젊게 보여요.
নায়ি বোদা জল্মগে বোইয়েও

বয়সের চেয়ে কম বয়সী দেখা যায়।
뵈어세르 쩨에 껌 뵈어시 데카 자이

단위

পরিমাপের ইউনিট

길이, 무게, 수효, 시간 따위의 수량을 수치로 나타낼 때 기초가 되는 일정한 기준.

বাংলা ভাষা	벵골어 발음	한국어	কোরিয়ান উচ্চারণ
লম্বা	럼바	길이	গিরই
প্রশস্ত	쁘러서쓰떠	넓이	নল্‌বি
উচ্চতা	우쩌따	키	খি
উচু	우쭈	높이	নোফ্‌ই
ওজন	오전	무게	মুগে
মুদ্রা	묻라	화폐	হোয়াফে
ডলার	덜라르	달러	ডাল্লা
অন	원	원	অন
টাক	타까	타까	টাকা
কোন	꼰	도	দো
তাপমাত্রা	따쁘마뜨라	온도	উন্‌দো
মিলি মিটার	밀리 미타르	밀리미터	মিল্লি মিটঅ
সেন্টি মিটার	센티 미타르	센티미터	সেন্টি মিটঅ
মিটার	미타르	미터	মিটঅ
কিলো মিটার	낄로 미타르	킬로미터	কিল্লো মিটঅ
মাইল	마일	마일	মাইল
ফুট	풑	핏	ফিট
লিটার	리타르	리터	লিটঅ

মিলি লিটার	밀리 리타르	밀리리터	মিল্লি লিটঅ
গ্রাম	그람	그램	গ্রাম
কিলো গ্রাম	낄로 그람	킬로그램	কিলো গ্রাম
টন	턴	톤	টোন
আদ্রতা	아드러따	습도	সোব্দো
প্লাস	쁠라스	영상	ইয়ংসাং
বিয়োগ চিহ্ন	비억 찐허	영하	ইয়ংহা
ছয় শ গ্রাম	처이셔 그람	근	গোন্
অর্ধেক	어르뎈	반	বান্

이 자는 길이 얼마예요?
ই জানুন্ গিরই অলমায়েও

এই মাপার ফিতাটা লম্বা কত?
에이 마빠르 피따타 럼바 꺼떠

소고기 일 킬로그램 주세요.
সো গোগি ইল কিলোগ্রাম জুসেও

গরুর মাংস এক কেজি দেন।
거루르 망서 엑 께지 덴

색깔

রং

빛깔(물체가 빛을 받을 때 빛의 파장에 따라 그 거죽에 나타나는 특유한 빛).

বাংলা ভাষা	벵골어 발음	한국어	কোরিয়ান উচ্চারণ
লাল রং	랄 렁	빨간색	পালগান সেক
সাদা রং	샤다 렁	하얀색	হায়ান সেক
আকাশী রং	아가쉬 렁	하늘색	হানোল সেক
নীল রং	닐 렁	파란색	ফারান সেক
সবুজ রং	셔부즈 렁	초록색	ছোরোগ সেক
কালো রং	갈로 렁	검정색	কমজং সেক
গোলাপী রং	골라삐 렁	분홍색	বুনহোং সেক
বাদামী রং	바다미 렁	갈색	কাল সেক
খয়েরী রং	커에리 렁	회색	হোই সেক
হলুদ রং	헐루드 렁	노란색	নোরান সেক
বেগুনী রং	베구니 렁	보라색	বোরা সেক
নেভি, গাঢ় নীল রং	네비,가로 닐 렁	남색	নাম সেক
হালকা রং	할까 렁	연한색	ইয়ন হান সেক
হলদে সবুজ রং	헐데 서부즈 렁	연두색	ইয়নদু সেক
উজ্জল রং	웆절 렁	밝은색	বালগুনসেক
গাজর রং	가저르 렁	붉은색	বুল্গ উনসেক
কমলা রং	꺼믈라 렁	주황색	জুহেয়াং সেক

감각 및 감정표현

স্বাদ এবং অনুভূতির প্রকাশ

맛 স্বাদ

বাংলা ভাষা	벵골어 발음	한국어	কোরিয়ান উচ্চারণ
মজাদার	머자다르	맛있다	মাসিত্তা
স্বাদ নাই	샫 나이	맛없다	মাদঅবত্তা
তিতা	띠따	써요	ছয়ও
টক	텈	셔요	শয়ও
লবনাক্ত	러버낚떠	짜요	চায়ও
মিষ্টি	미스티	달아요	দারায়ও
ঝাল	잘	매워요	মেয়ও
তিলের স্বাদ	띨렐 샫	고소해요	গোসোহেও
প্রোটিন	쁘러틴	단백해요	দানবেগ্হেও
তৈলাক্ত	또일띾떠	느끼해요	নুক্কিহেও
তিতা	띠다	떫어요	তল্বোয়ও
পান্সে	빤세	싱거워요	সিংগোয়ও
গরম	거럼	뜨거워요	তুগয়ও
উপযুক্ত	우뻐죽떠	적당해요	জগ্দাংহেও
শীতল	시떨	차가워요	ছাগাঅয়ও
বিরক্তিকর	비띾띠거르	질겨요	জিলগিয়ও
চর্ব্য	쩌르보	쫄깃하다	চুলগিৎহাদা

গরম লাগে	거럼 라게	더워요	দঅয়ও
উষ্ণ	우스너	따뜻해요	তাতুত্হেও
শীতল	시떨	시원해요	সিওনহেও
ঠান্ডা	탄다	추워요	ছুয়ও

감정 অনুভূতি

বাংলা ভাষা	벵골어 발음	한국어	কোরিয়ান উচ্চারণ
খুশি	쿠시	기뻐요	গিপ্পয়ও
শোকাহত	소가허더	슬퍼요	সুল্ফয়ও
রাগান্বিত	라가니떠	화나요	হোনায়ও
সুখী	수키	행복해요	হেংবোগ হেও
অসুখী	어수키	불행해요	বুলহেংহেও
শান্তি	산띠	편해요	ফিয়নহেও
অশান্তি	어샨띠	불편해요	বুলফিয়ন হেও
নারভাস	나르바스	초조해요	ছোজোহেও
দুঃশ্চিন্তা করা	두스찐따 꺼라	걱정해요	গগ্জং হেও

기타 অন্যান্য

বাংলা ভাষা	벵골어 발음	한국어	কোরিয়ান উচ্চারণ
হালকা	할까	가벼워요	গাবিয়ওয়ও
ভারী	바리	무거워요	মুগয়ও
তৃষ্ণার্ত	뜨리스나르떠	목 말라요	মোগ মাল্লায়ও
ক্লান্ত	끌란떠	피곤해요	ফিগোনহেও
ঝিম লাগে	짐 라게	졸려요	জুল্লিয়ও
ক্ষুধার্ত	쿠다르터	배 고파요	বে গোফায়ও
পেট ভরা	뻬트버라	배 불러요	বে বুল্লোয়ও
বমি করতে চাই	버미 꺼르데 짜이	토하고 싶어요	থোহাগোসিফয়ও
অসুস্থ্য	어수스터	아파요	আফায়ও
নরম	너럼	부드러워요	বুদুরো অয়ও
শক্ত	셖떠	딱딱해요	তাক তাক হেও
তুলতুলে নরম সুরসুরি লাগে	뚤뚤에 너럼 수르수리 라게	말랑말랑해요 간지러워요	মাল্ মালাংহেও গান্ জিরয়ও
পিচ্ছিল	삐칠	미끌미끌해요	মিকুল মিকুল হেও

방향

দিক

어떤 방위(方位)를 향한 쪽.

বাংলা ভাষা	벵골어 발음	한국어	কোরিয়ান উচ্চারণ
পূর্ব দিক	뿌르버딖	동쪽	দোং চুগ
পশ্চিম দিক	뻐스찜 딖	서쪽	সচুগ
দক্ষিণ দিক	더컨 딖	남쪽	নামচুগ
উত্তর দিক	우떠르 딖	북쪽	বুগচুগ
উপরে	우뻐레	위	উই
নীচে	니쩨	아래	আরে
সামনে	삼네	앞	আফ্
পিছনে	삐처네	뒤	তুই
ডান দিকে	단디께	오른쪽	ওরোন চুগ
বাম দিকে	밤띠께	왼쪽	ওয়েন চুগ
পাশে	빠세	옆	ইয়ফ
ভিতরে	비떠레	안	আন
বাহিরে	바히레	밖	বাক্
তলায়	떨라이	밑	মিথ
সোজাসুজি	소자수지	똑바로	তোগবারো

똑바로 가요.
তোগ্বারো গায়ও

সোজাসুজি যান।
소자수지 잔

텔레비전 위에 꽃병이 있어요.
টেলিভিজন উইয়ে কোছ্ বিয়ংই ইসয়ও

টলিভিশনের উপর ফুলদানী আছে।
텔레비네르 우뻐레 풀다니 아체

신체

শরীর বিষয়ক

বাংলা ভাষা	벵골어 발음	한국어	কোরিয়ান উচ্চারণ
মাথা	마타	머리	মরি
চুল	쭐	머리카락	মরি খারাগ
চোখ	쪽	눈	নুন্
কান	깐	귀	খুই
মুখ	묵	입	ইব্
ঠোঁট	톹	입술	ইবসুল
নাঁখ	낙	코	খো
দাঁত	다뜨	이	ই
জিহবা	지허바	혀	হ
গলা	걸라	목	মোগ
কাধ	깓	어깨	অক্কে
বুক	붂	가슴	গাসুম
হাত	하뜨	손	সোন
ডানা	다나	팔	ফাল
হাতের আংগুল	하떼르 앙굴	손가락	সোনগারাগ
হাতের কব্জি	하떼르 껍지	손목	সোন্মোগ
পায়ের পাতা	빠에르 빠따	발바닥	বাল্বাদাগ
পায়ের আংগুল	빠에르 앙굴	발가락	বাল্গারাগ
পায়ের কব্জি	빠에르 껍지	발목	বাল্মোগ

হাড়	하르	뼈	পিয়
পিঠের হাড়	삐테르 하르	등뼈	দোংপিয়
পিঠ	삐트	등	দোং
কোমর	꼬머르	허리	হরি
রক্ত	롞떠	피	ফি
পেট	뻬트	배	ব্যা
পাকস্থলি	빠꺼스털리	위	উই
বৃহৎ নালী	브리허뜨 날리	대장	দেজাং
লাঞ্চ	란스	폐	ফিয়
হৃৎপিন্ড	리뜨삔더	심장	সিম্‌জাং
লিবার	리바르	간	গান্
শ্বাস নালী	샤스날리	기관지	গিগোয়ান্‌জি

눈이 아주 예뻐요.
নুন্ই আজু ইয়প্পোয়ও

চোখ অনেক সুন্দর।
쪼크 어넦 순더르

아빠 코를 닮았어요.
আপ্পা খোরুল দাল্‌মাস্‌য়ও

আব্বার নাকের মত নাক হয়েছে।
아빠르 나케르 머떠 낙 허에체

병명과 약제

রোগের নাম ও ওষুধ

증상 লক্ষণ

বাংলা ভাষা	벵골어 발음	한국어	কোরিয়ান উচ্চারণ
অসুস্থ্য	어슷터	아프다	আফুদা
রোগ ভালো হওয়া	록 발로 허오아	병이 나았다	বিয়ংই নায়াত্তা
রোগ হওয়া	록 허오아	병에 걸리다	বিয়ংয়ে গল্লিদা
রোগ	록	병	বিয়ং
কাশি	까시	감기	গাম্‌গি
কাশি দেওয়া	까시 데오아	기침하다	গিছিম্‌হাদা
জ্বর উঠা	저르 우타	열나다	ইয়ল্‌ নাদা
শরীর ব্যথা	셔리르 배타	몸살 나다	মোম্‌সাল্‌ নাদা
মাথা ব্যথা	마타 배타	머리 아프다	মরি আফুদা
কোষ্ঠ-কাঠিন্য হওয়া	꼿터까틴노 허오아	변비에 걸리다	বিয়নবিয়ে গল্লিদা
হজম না হওয়া	허점 나 허오아	소화가 안 된다	সোহোয়াগা আন্‌ দেন্‌দা
পাতলা পায়খানা	빠뜰라 빠이카나	설사하다	সল্‌সা হাদা
অনিদ্রায় ভোগা	어닏라이 보가	불면증에 걸리다	বুলমিয়নজুংয়ে গল্লিদা
দুর্ঘটনা কবলিত হওয়া	두르거터나 꺼벌리떠 허오아	사고를 당하다	সাগোরুল দাংহাদা
আহত	아허떠	상처	সাংছো
ঠোসা পড়া	토사 뻐라	화상입다	হোসাংইব্‌দা

আচড় লেগে কাটা	아쩌르 레게 까타	베이다	বেইদা

병명 রোগের নাম

খুব অসুস্থ	쿱 어숫터	중병	জুং বিয়ং
যক্ষা রোগ	저카 록	결핵	গিয়ল্হ্যাগ
চর্মরোগ	쩌르머 록	피부병	ফিবুবিয়ং
ডায়াবেটিস	다아베티스	당뇨병	দাংনিওবিয়ং
মৃগীরোগ	미리기 록	간질	গান্জিল
পাকস্থলি রোগ	빠꺼스털리 록	위병	উইবিয়ং
হৃদরোগ	릳록	심장병	সিম্জাং বিয়ং
হিপাটাইসিস্	히빠타이싯	간염	গান ইয়ম
বাতের রোগ	바떼르 록	관절염	গোয়ান্জল ইয়ম
ক্যানসার	깬사르	암	আম্
উচ্চ রক্তচাপ	우쩌 럮떠 짜쁘	고혈압	গোহিয়ল্য়াব
মনোরোগ	머노 록	정신병	জংসিন বিয়ং

분과 হাসপাতালের নাম

হাসপাতাল	핫빠딸	병원	বিয়ংঅন
গাইনী বিভাগ	가이니 비박	산부인과	সান্বুইন্গোয়া

নাক, কান ও গলার চিকিৎসা বিভাগ	낚, 깐 오 걸라 찌끼뜨사 비바그	이비인후과	ইবিইন্হুগে
ইনটারনাল মেডিসিন বিভাগ	인터널 메디신 비바그	내과	নেগোয়া
শিশু বিভাগ	시수 비바그	소아과	সোয়াগোয়া
ডেন্টাল বিভাগ	덴탈 비바그	치과	ছিগোয়া
অস্থি চিকিৎসা বিভাগ	어스띠 찌끼뜨사 비바그	정형외과	জংহিয়ংওইগোয়া
ডাক্তার	닦따르	의사	উইসা
নার্স	나르스	간호사	গান্হোসা
রোগী	로기	환자	হোয়ান্জা
ভর্তি হওয়া	버르띠 허오아	입원하다	ইবঅনহাদা
হাসপাতাল থেকে খালাস নেওয়া	하스빠딸 테께 칼라스 네오아	퇴원하다	থোইঅনহাদা
ডাক্তারী পরীক্ষা করানো	닦따리 뻐리카 꺼라노	진찰을 받다	জিন্ছাল্ উল্ বাদ্দা
চিকিৎসা নেওয়া	찌끼뜨사 네오아	치료를 받다	ছিরিউরুল্ বাদ্দা
ওষুধ লিখে দেওয়া	오숟 리케 데오아	처방하다	ছবাংহাদা
অপারেশন করা	어빠레션 꺼라	수술하다	সুসুল্হাদা
ইনজেকশন নেওয়া	인젝션 네오아	주사를 맞다	জুসারুল মাজ্দা
তাপমাত্রা	따쁘 마뜨라	체온	ছেওন্
রক্তের গ্রুপ	럮떼르 그루쁘	혈액형	হিয়ল্য়েগ হিয়ং
ফার্মেসী	파르메시	약국	ইয়াগগুগ

약제 ওষুধ

ওষুধ খাওয়া	오숟 카오아	약을 먹다	ইয়াগ উল্ মগ্দা
ওষুধ সেবন করা	오숟 세번 꺼라	복용하다/약을 먹다	বোগ্ইয়ংহাদা/ইয়াক উল মগ্দা
সেবনের নিয়ম	세버네르 니엄	복용 방법	বোগ্ইয়ং বাংবব্
খাওয়ার আগে সেবন করা	카오아르 아게 세번 꺼라	식전 복용하다	সিক জন বোগ্ইয়ংহাদা
খাওয়ার পরে সেবন করা	카오아르 뻐레 세번 꺼라	식후 복용하다	সিক হু বোগ্ইয়ংহাদা
দিনে তিন বার	디네 띤 바르	하루 세번	হারু সেবন
তরল ওষুধ	떠럴 오숟	물약	মুল্ইয়াক
ট্যাবলেট	탭레드	알약	আল্ইয়াক
ব্যাথা কমানোর ওষুধ	배타 꺼마노르 오숟	진통제	জিনথোংজে
জন্ম নিরোধক ওষুধ	전모 니로덖 오숟	피임약	ফিইম ইয়াক
ভিটামিন	비타민	비타민	বিটামিন
বলকারক ওষুধ	벌까럮 오숟	보약	বোয়াক
গ্যাষ্ট্রিকের ওষুধ	개스트리께르 오숟	위장약	উইজাংইয়াক
হজমের ওষুধ	허저메르 오숟	소화제	সোহোয়াজে
কাশির ওষুধ	까시르 오숟	감기약	গামগি ইয়াক
জ্বর কমানোর ওষুধ	저르 꺼마노 오숟	해열제	হেইয়ল্জে
ব্যাথার ওষুধ	배타르 오숟	두통약	দুথোং ইয়াক
কোষ্ঠকাঠিন্যের ওষুধ	꼬스터까티네르 오숟	변비약	বিয়ন্বি ইয়াক
পাতলা পায়খানার ওষুধ	빠뜰라 빠이카나르 오숟	설사약	সল্সা ইয়াক

ঘুমের ওষুধ	구메르 오숟	수면제	সুমিয়নজে
এন্টিবাওটিক	엔티바오틱	항생제	হাংসেংজে
পার্শ্ব প্রতিক্রিয়া	빠르서 쁘러띠끄리아	부작용	বুজাগইয়ং

교통수단과 공공기관

যোগাযোগ পরিবহন ও স্থান

বাংলা ভাষা	벵골어 발음	한국어	কোরিয়ান উচ্চারণ
ব্লু হাউজ	불루 하우스	청와대	ছংওয়াদে
সংসদ ভবন	성섣 버번	국회의사당	গুগ্‌হোইয়েসাদাং
সিটিহল	시티헐	시청	সিছং
জেলা অফিস	젤라 어피스	군청	গুন্‌ছং
গ্রামের সরকারী অফিস	그라메르 서르까리 어피스	주민센터	জুমিন সেন্‌থো
স্বাস্থ্য কেন্দ্র	삿터 껜더러	면사무소	মিয়ন সামুসো
শহর	서허르	읍	উব্‌
আদালত প্রসেকিউশন	아달러뜨 쁘러세끼우선	법원 검찰서	ববঅন গম্‌ ছালসো
পুলিশ ষ্টেশন	뿔리스 스테선	경찰서	গিয়ংছাল্‌সো
পুলিশ ফাড়ি	뿔리스 파리	파출소	ফাছুলসো
ডাকঘর	닦거르	우체국	উছেগুগ
ব্যাংক	뱅끄	은행	উনহ্যাং
হাসপাতাল	하스빠딸	병원	বিয়ংঅন
টাউন অফিস	타운 어피스	보건소	বোগন্‌সো
ফায়ার সার্ভিস ষ্টেশন	파아르 사르비스	소방서	সোবংসো
রেডক্রস সোসাইটি	렏끄러스 소사이티	적십자회	জগ্‌সিব্‌জাহোই
সিনেমা হল	시네마 헐	영화관	ইয়ং হোয়া গোয়ান

ট্যাক্স অফিস	택스 어피스	세무서	সেমুসো
ইমিগ্রেশন অফিস	이미그레선 어피스	출입국관리사무소	ছুল্ ইবগুগ গোয়াল্লি সামুসো
কাষ্টমস	가스텀스	세관	সেগোয়ান
সংগ রোধ	성거 로드	검역소	গম্ইয়গ্সো
প্রচার কেন্দ্র	쁘러짜르 껜더러	방송국	বাংসোংগুগ
সংবাদ পত্র	성받 뻐뜨러	신문사	সিন্মুন্সা
বিদ্যালয়	빋달러이	학교	হাগ্গিয়
খেলার মাঠ	켈라르 마트	운동장	উনদোংজাং
কলেজ	껄레즈	대학교	দেহাগ্গিও
হাই স্কুল	하이 스꿀	고등학교	গোদোং হাগ্গিও
মিডিল স্কুল	미딜 스꿀	중학교	জুংহাগ্গিও
প্রাইমারী স্কুল	쁘라이마리 스꿀	초등학교	ছোদোং হাগ্গিও
কিন্ডার কার্ডেন	낀다르 가르덴	유치원	ইউছিঅন
ডে কেয়ার সেন্টার	데 께아르 센타르	어린이집	অরিনইজিব্
উড়োজাহাজ	우로자핫	비행기	বিহেংগি
নৌকা	노우까	배	ব্যা
বাস	바스	버스	বসো
ট্যাক্সি	택시	택시	ট্যাক্সি
গাড়ী	가리	자동차	জাদোংছা
মটর সাইকেল	머터르 사이껠	오토바이	ওটোবাই
বাই সাইকেল	바이사이껠	자전거	জাজন্গো
বিমান বন্দর	비만 번더르	공항	গোংহাং

পাতাল ট্রেন ষ্টেশন	빠딸 트렌 스테선	지하철 역	জিহাছল ইয়ক
বাস ষ্টপেজ	바스 스터뻬즈	버스 정류장	বসো জংরিউজাং
রেল ষ্টেশন	렐 스테선	역	ইয়ক
এক্সপ্রেস বাস টার্মিনাল	엑스쁘레스 바스 타르미날	고속버스 터미널	গোসোগ্‌বসো টর্মিনল
ইন্টার সিটি বাস টার্মিনাল	인타르 시티 바스 타르미날	시외버스 터미널	সিওই বসো টর্মিনল
যাত্রী ছাউনী	자뜨리 차우니	여객선 터미널	ইয়গেগ্‌সন টার্মিনাল
টিকেট কিনার ঘর	티껱 끼나르 거르	매표소	মেফিয়সো
সংশোধিত পথ	성소디떠 뻐트	개찰구	গেছালগু
জরুরী পথ	저루리 뻐트	비상구	বিসাংগু
বিশ্রামাগার	비스라마가르	휴게소	হিউগেসো
তেলের পাম্প	뗄레르 빰쁘	주유소	জুইউসো
হাট	핱	시장	সিজাং
মার্ট	마트	마트	মার্ট
দোকান	도깐	가게	গাগে
ফলের দোকান।	펄레르 도깐	과일 가게	গোয়াইল গাগে
প্রসাধনী দোকান	쁘러사더니 도깐	화장품 가게	হোয়জাংফুম গাগে
ছোট দোকান	초터 도깐	매점	মেজম
সেলুন	셀룬	미용실	মিইয়ংসিল
বইয়ের দোকান	버이에르 도깐	서점	সজম
পোষাকের দোকান	뽀샤께르 도깐	옷 가게	ওস্‌ গাগে
ষ্টেশনারী দোকান	스테서나리 도깐	문구점	মুন্‌গুজম

হার্ডওয়ার দোকান	하드와드 또깐	철물점	ছল্মুলজম্
রেষ্টুরেন্ট	렛투렌트	식당	সিগ্দাং
ফুলের দোকান	풀레르 도깐	꽃집	কোছ্ জিব
রুটির দোকান	루티르 도깐	빵집	পাং জিব
ট্রাভেল এজেন্সী	트라벨 에젠시	여행사	ইয়হেংসা
বীমা অফিস	비마 어피스	보험회사	বোহম হোইসা
বিবাহ দপ্তর	비바허 더쁘떠르	결혼정보 회사	গিয়রহোন জংবো হোইসা
হোটেল	호텔	호텔	হোটেল
মোটেল	모텔	모텔	মোটেল
হোটেল	호텔	여관	ইয়গোয়ান
রান্না করা যায় এমন হোটেল	란나 꺼라 자이 에먼 호텔	펜션	ফেন্শন
এতিম খানা	에띰카나	고아원	গোয়াঅন
পার্ক	빠르끄	공원	গোংঅন
শহর	서허르	시내	সিনে

학교 어디예요?
হাগ্গেও অদিয়েও

বিদ্যালয় কোথায়?

빋달러이 꼬타에

우체국에 어떻게 가요?
উছেগুগয়ে অত্তগে গায়ও

ডাকঘরে কিভাবে যায়?

닦거레 끼 바베 자에

대사관에 기차로 왔어요.
দেসাগোয়ানে গিছারো ওয়াসয়ও

দুতাবাসে ট্রেনে এসেছি।

두따바세 트레네 에세치

생활용품
গৃহস্থলী সামগ্রী

বাংলা ভাষা	벵골어 발음	한국어	কোরিয়ান উচ্চারণ
খাঁট	카트	침대	ছিমদে
ব্লাংকেট কভার	브랑께트 꺼바르	이불	ইবুল
বালিস	발리스	베개	বেগে
ইলকট্রিক ব্লাংকেট	일렉트릭 브랑께트	전기담요	জন্‌গি দামইয়ো
পোষাক	뽀샥	옷	ওস্‌
ওয়াড্রোব	와드럽	옷장	ওস্‌জাং
প্যান্ট	빤트	바지	বাজি
হাফ প্যান্ট	하프 빤트	반바지	বান্‌ বাজি
ফুল প্যান্ট	풀 빤트	긴바지	গিন্‌ বাজি
জিন্স প্যান্ট	진스 빤트	청바지	ছংফাজি
ঘুমের পোষাক	구메르 뽀샥	잠옷	জাম্‌ওস্‌
টি শার্ট	티셔츠	티셔츠	টি-শছ্‌
শার্ট	셔츠	셔츠	শছ্‌
কমপ্লিট সুট	껌삐리트수트	양복	ইয়াংবোগ
শরীরের উপরের অংশ	셔리레르 우뻐레르 엉셔	윗도리	ওস্‌দোরি
হাফ হাতা	핲 하따	반팔	বান্‌ফাল
সেনেটারি নেপকিন	세네카리 넵낀	생리대	সেংরিদে
কম্পিউটর	껌삐우터르	컴퓨터	কম্পিউট

ছাতা	차따	우산	উসান
রুমাল	루말	손수건	সোনসুগন
তাওয়েল	따오엘	수건	সুগন
স্মৃতি পন্য	스리띠 뻔노	기념품	গিনিয়ম ফুম
উপহার	우뻐하르	선물	সন্মুল
টুপি	투삐	모자	মোজা
চশমা	쩌스마	안경	আনগিয়ং
সান গ্লাস	산글라스	선글라스	সনগ্লাস
মালা	말라	목걸이	মোগরি
ব্রাসলেট	브라스레트	팔찌	ফালচি
আংটি	앙티	반지	বান্জি
পায়ের মোজা	빠에르 모자	양말	ইয়াংমাল
জুতা	주따	구두	গুদু
কেড্স	껟스	운동화	উনদোংহোয়া
ছেন্ডেল	첸델	신발	সিন্বাল
ষ্টাকিং	스타낑	스타킹	ষ্টাকিং
পারফিউম	빠르피움	향수	হিয়াংসু
আয়না	아에나	거울	গউল
টুথ পেসট	툳뻬스트	치약	ছিয়াগ
টুথ ব্রাশ	툳 브라스	칫솔	ছিসোল
সিগারেট	시가레트	담배	দাম্বে
লাইটার	라이타르	라이터	রাইটো
ক্যামেরা	깨메라	카메라 (사진기)	কামেরা

ফিল্লিম	필름	필름	ফিল্লম
ঘড়ি	거리	시계	সিগিয়ে
টেলিভিশন	텔리비션	텔레비전	টেলিবিজন
ইলেকট্রিক দ্রব্য	일레트릭 드러버	전자제품	জন্‌জা জেফুম
পারিবারিক দ্রব্য	빠리바릭 드러버	가전제품	গাজন জেফুম
চিনামাটির বাসন	찌나마티르 바선	도자기	দোজাগি
রেডিও	레디오	라디오	রাডিও
সিডি	시디	씨디	সিডি
টেপ	테쁘	테이프	টেইফ
ফ্রিজ	프리즈	냉장고	নেংজাংগো
ওয়াসিং মেশিন	와싱 메신	세탁기	সেথাগি
মেটাল	메탈	쇠	সোয়
হাত ঘড়ি	하뜨 거리	동	দোং
সোনা	소나	금	গুম
রূপা	루빠	은	উন
দেশীয় দ্রব্য	데리오 드럽보	국산품	গুগ্‌সান ফুম
বিদেশী দ্রব্য	비데시 드럽보	외제품	ওয়ে জেফুম
ফোন সেট	폰세트	전화기	জনহোয়াগি
মুঠো ফোন	무토 폰	핸드폰	হ্যান্ড ফোন
চেয়ার	쩨아르	의자	উইজা
টেবিল	테빌	책상	ছেকসাং
স্ত্রি	스띠리	다리미	দারিমি
এয়ার কন্ডিশনার	에아르 껀디션	에어컨	এয়কন

ব্লাংকেট	브랑께트	담요	দামইয়ো
ফ্যান	팬	선풍기	সনফুংগি
টিসু বক্স	티수 벅스	휴지통	হিউজিথোং

이것은 다리미예요.
ই গস্উন্ দারিমিয়েও

এটা হলো আয়রণ।
에타 헐로 아이런

핸드폰 쓰세요?
হ্যান্ড ফোন সুসেও

হ্যান্ড ফোন ব্যবহার করেন?
헨드 폰 배버하르 꺼렌

집안에 책상, 의자, 옷장이 있어요.
জিব আন্য়ে ছেগসাং,উইজা, ওস্জাংই ইস্য়ও

বাসার ভিতর টেবিল, চেয়ার, পোষাক রাখার আলমারি আছে।
바사르 비떠르 테빌, 쩨아르, 뽀샥 라카르 알마리 아체

주방
রান্না ঘর

식사 খাবার সময়

বাংলা ভাষা	벵골어 발음	한국어	কোরিয়ান উচ্চারণ
সকালের ভাত	셔깔레르 바뜨	아침 밥(조식)	আছিম বাব(জোসিগ্)
দুপুরের ভাত	두뿌레르 바뜨	점심 밥(중식)	জমসিম বাব(জুংসিগ্)
সন্ধ্যার ভাত	션다르 바뜨	저녁 밥(석식)	সনোগ বাব(সগ্সিগ্)
মেনু	메뉴	메뉴	মেন্যু
খাবার	카바르	음식	উমসিক
ভাত	바뜨	밥	বাব
স্যুপ	수프	국	কুক
চাল	짤	쌀	সাল
নুডুলস	누둘스	라면	লামিয়ন
রুটি	루티	빵	পাং

재료 মেটেরিয়াল

তরকারি	떠르까리	반찬	বান্ছান্
কিম্ছি	김치	김치	গামছি
ঝাল	잘	향신료	হিয়াংসিনরিও
লবন	러번	소금	সোগম
চিনি	찌니	설탕	সলথাং
মরিচ	머리쯔	고추	গোছু

সোয় সোয়াস	소이 소아스	간장	গানজাং
তেল	뗄	기름	খিরুম
শুটকি সোয়াস	수트끼 소아스	멸치 액젓	মিয়লছি একজস
ব্লাক পেপার	블락 뻬빠르	후추	হুছু
সব্জি	섭지	야채	ইয়াছে
পিয়াজ	삐아즈	양파	ইয়াংফা
রসুন	러순	마늘	মানোল্
পিয়াজ পাতা	삐아즈 빠따	파	ফা
পিয়াজের পাতা	삐아제르 빠따	족파	জোগ্ফা
গোল আলু	골 알루	감자	গাম্জা
মিষ্টি আলু	미스티 알루	고구마	গোগুমা
টমাটো	터마토	토마토	টমাটো
বিন কার্ড	빈 카드	두부	দুবু
চিনা বাদাম	찌나 바담	땅콩	তাংখোং
মাংস	망서	고기	গোগি
গরুর মাংস	거루르 망서	소고기	সোগোগি
শুকরের মাংস	수꺼레르 망서	돼지고기	দোয়েজি গোগি
পুড়িয়ে খাওয়া শুকরের মাংস	뿌리에 카오아 수꺼레르 망서	삼겹살	সাম্গিয়ব্সাল
মুরগীর মাংস	무르기르 망서	닭고기	দাগ্গোদি
ডিম	딤	계란	গেরান
মাছ (রান্নার জন্য)	맟	생선	সেংসন
কাঁচা মাছ	까짜 맟	회	হোই

ফল	펄	과일	গোয়াইল
আংগুর	앙구르	포도	ফোদো
আপেল	아뻴	사과	সাগোয়া
নাসপাতি	나스빠띠	배	ব্যা
গাব	가브	감	গাম
তরমুজ	떠르무즈	수박	সুবাগ
কলা	걸라	바나나	বানানা
কমলা	껌믈라	오렌지	ওরেন্জি

음료 পানীয়

মদ	머드	술	সুল
উইস্কি	우이스끼	양주	ইয়াংজু
অ্যালকোহলিক ড্রিংকস	앨꼬헐릭 드링스	약주	ইয়াকজু
বিয়ার	비아르	맥주	ম্যাগ্জু
ফলের রস	펄레르 러스	주스	জুস
কোলা	꼴라	골라	খোল্লা
দুধ	두드	우유	উইউ
কার্বনিক পানীয়	까르버닉 빠니오	탄산음료	থান্সান্ উমরিও
পানীয়	빠니오	음료수	উম্রিউসু
মদ(সোজু)	멀 (소주)	술(소주)	সুল্ (সোজু)
স্প্রাইট	스쁘라이트	사이다	সাইদা
কফি	꺼피	커피	খফি

주방 기구 및 식기 রান্না ঘরের আসবাব পত্র এবং খাবার যন্ত্রপাতি

বাংলা ভাষা	벵골어 발음	한국어	কোরিয়ান উচ্চারণ
ইলেকট্রিক রাইচ কুকার	일렉트릭 라이쯔 꾸까르	전기밥솥	জন্গি বাব্সোথ্
গ্যাসের চুলা	개세르 쫄라	가스렌지	গাস্ রেন্জি
ব্লেন্ডার	벨렌다르	믹서기	মিগ্সগি
মাইক্রো ওয়েভ	마이그러 오엡	전자레인지	জন্জা রেইন্জি
পাত্র	빠뜨러	냄비	ন্যাম্বি
হোরাই প্যান	호라이 뺀	후라이팬	হুরাইফেন
বড় চামচ	버러 짜머쯔	국자	গুগজা
চামচ	짜머쯔	주걱	জুগক
ছুরি	출리	칼	খাল
কাটিং বোর্ড	까팅 보르더	도마	দোমা
কাইচি	까이찌	가위	গাউই
স্ক্রাবার	스까르바르	수세미	সুসেমি
বাটি	바티	그릇	গোরুত
প্লেট	뻴레트	접시	জব্সি
মদের পেয়ালা	머데르 뻬알라	잔	জান
চপষ্টিক্স	쩝스틱	젓가락	জস্গারাগ
চামচ	짜머쯔	숟가락	সুদগারাগ
কাঁটাচামচ	까타 짜머스	포크	ফোখ্
তরকারী বক্স	떠르까리 벅스	반찬통	বান্ছান্থোং
রাবার গ্লাভস	라바르 글랍스	고무장갑	গোমুজাংগাব

ডিসক্লোথ	디스끌러트	행주	হ্যাংজু
বোতল ওপেনার	보뗄 오뻬나르	병따개	বিয়ংতাগে
সিংক	싱끄	싱크대	সিংক্দে
বেসিন	베신	대야	দেয়া
কেট্লি	께뜰리	주전자	জুজন্জা
ডাইনিং টিবিল	다이닝 테빌	식탁	সিগ্থাগ্
ঝুড়ি	주리	바구니	বাগুনি

기타 অন্যান্য

বাংলা ভাষা	벵골어 발음	한국어	কোরিয়ান উচ্চারণ
টেডিশনাল ফুড	테디셔날 푸드	전통음식	জন্থোংউম্সিক
কোরিয়ান ফুড	꼬리안 푸드	한국음식	হানগুগ উম্সিক
বাংলদেশী ফুড	방글라데시 푸드	방글라음식	বাংলা উম্সিক
ওয়েষ্টার্ন ফুড	오에스타른 푸드	양식	ইয়াংসিক
চাইনিজ ফুড	짜이니즈 푸드	중식	জুংসিক
বাবুর্চি	바부르찌	요리사	ইউরিসা
রান্না করা	란나 꺼라	요리하다	ইউরিহাদা
সিদ্ধ করি	시더 꺼리	삶아요	সাল্মায়ও
ভাজি করি	바지 꺼리	볶아요	বওকায়ও
সোয়াস দিয়ে সিদ্ধ করি	소아스 디에 시더 꺼리	조림해요	জোরিম হেও
ডোবা তেলে ভাজি করা	도바 뗄레 바지 꺼리	튀겨요	থুইগিয়ও
সিদ্ধ করি	싣더 꺼리	끓어요	কুরয়ও

খেয়ে দেখা	케에 데카	먹어 보다	মোগো বোদা
রেড বিন আইসক্রীম	레드빈 아이스 끄림	팥빙수	ফাথ্বিংসু
রেষ্টুরেন্ট	레스투렌트	식당	সিগ্তাং
রেষ্টুরেন্টে যাওয়া	레스투렌테 자오아	식당에 가다	সিগ্তাংয়ে গাদা
সন্ধ্যায় খাওয়া	션다의 카오아	저녁을 먹다	সনোগউল্ মগ্দা
মদের দোকান	머데르 도깐	술집	সুল্জিব

젓가락 주세요.
সৎগারাগ জুসেও

খাবার খাওয়ার কাঠি দেন।
카바르 카오아르 까티 덴

쌀이 떨어졌어요.
চাল তরোজিয়সয়ও

চাল পড়ে গিয়েছে।
짤 뻐레 기에체

간 맞게 했어요?
গান মাজ্গে হেসয়ও

লবন সঠিক ভাবে ব্যবহার করেছেন?
러번 서틱 바베 배보하르 꺼레치

라면 끓어요.
লামিয়ন কুরোয়ও

নুডলস সিদ্ধ করেন।
누덜스 싣더 꺼렌

욕실용품
বাথরুম সামগ্রী

বাংলা ভাষা	벵골어 발음	한국어	কোরিয়ান উচ্চারণ
বাথ ট্যাব	바트 탭	욕조	ইউগ্‌জো
তাওয়াল	따왈	타울	থাউল
হাতমুখ ধোয়ার ডিস	하뜨무크 도아르 디스	세숫 대야	সেসুদেইয়া
ওয়াসিং মেশিন	와싱 메신	세탁기	সেথাগ্গি
কমোট	꺼모트	변기	বিওন্‌গি
টুথ পেসট	툳뻬스트	치약	ছিয়াগ
টুথ ব্রাশ	툳브라스	칫솔	ছিত্‌সোল
গুড়া সাবান	구라 사반	가루 비누	গারু বিনু
শ্যাম্পো	샘뽀	샴푸	শাম্ফু
রেজর	레저르	면도기	মিয়ন্‌দোগি
টয়লেট টিসু	터일레트 티수	화장지	হোয়াজাংজি
সাওয়ার	사오아르	샤워기	শাওয়াগি
বেসিন	베신	세면대	সেমিয়ন্‌দে
কন্ডিশনার	껀디셔나르	린스	রিন্স
লাক্স	랔스	락스	লাক্স
সাবান	사반	비누	বিনু
গায়ের ময়লা তোলার তাওয়াল	가에르 머일라 똘라르 따왈	때밀이 수건	তেমিলই সুগন
ফোম ক্লিন্‌জিং	따왈	폼 크린징	ফোম ক্লিন্‌জিং

화장품

প্রসাধনী সামগ্রী

বাংলা ভাষা	벵골어 발음	한국어	কোরিয়ান উচ্চারণ
স্কীন	스낀	스킨	স্খীন
লোশন	로션	로션	রোশন
ম্যাসেজ ক্রীম	매세즈 끄림	맛사지 크림	মাসাজি খুরিম
চামড়ায় ভাজ প্রতিরোধক ক্রীম	짜마라에 바즈 쁘레띠로 덖 끄림	주름 크림	জুরুম খুরিম
লিপ্‌ষ্টিক	리쁘스틱	립스틱	লিপ্‌ষ্টিক
হাত ও নখের যত্ন	하뜨 오 너케르 저뜨노	메니큐어	মেনিখিউঅ
আই স্যাডো	아이 새도	아이섀도우	আয়ি স্যাডোউ
মাস্কারা	마스까라	마스카라	মাস্খারা
ফাউন্ডেশন	파운데션	파운데이션	ফাউন্ডেশন
মেক আপ বেইজ	멖아쁘 베이즈	메이컵 베이스	মেইখব বেইজ
পারফিউম	빠르피움	향수	হিয়াংসু
প্রসাধনী তুলি	쁘러사더니 뚤리	투웨이케익	থুঅইখেইগ
এসেন্স	에센스	에센스	এসেন্স
ক্লিনজিং ক্রীম	끌렌징 끄림	클렌징 크림	খুললেনজিং খুরিম
আই লাইন	아이 라인	아이 라인	আয়ি লাইন
চেম্‌টি	쩸티	쪽집게	চুকজিবগে
প্রসাধনী ব্রাশ	쁘러사더니 쁘라스	볼터치	বোলথছি
স্প্রে	스쁘레	스프레이	স্প্রেয়ি

ওয়াক্স	왁스	왁스	ওয়াক্স
সান ক্রীম	산 끄림	썬크림	সন্ ক্রীম
পেন্সিল	뻰실	펜슬	ফেনসুল
প্রসাধনী	쁘러사더니	화장품	হোয়াজাং ফুম
বেবী ক্রীম	베비 끄림	아이 크림	আয়ি ক্রীম

화장품을 쓰지 않아요.
হোয়াজাংফুম উল সুজি আনয়াও

প্রসাধনী ব্যবহার করি না।
쁘러사더니 배버하르 꺼리 나

매일 스킨과 로션을 쓰세요.
মেইল স্কীন গোয়া লোশন উল সুসেও

প্রতিদিন স্কীন ও লোশন ব্যবহার করো।
쁘러띠딘 수킨 오 로션 배버하르 꺼로

립스틱 잘 발랐어요?
লিপস্টিক জাল বাল্লাস্য়ও

লিপস্টিক ভালো বাল্লাস্য়ও?
립스틱 발로 라기에초

유아용품
শিশুদের ব্যবহার সামগ্রী

বাংলা ভাষা	벵골어 발음	한국어	কোরিয়ান উচ্চারণ
ন্যাপ	내삐	기저귀	গিজগি
ফিডিং বোতল	피딩 보떨	젖병	জজ্ বিয়ং
নবজাতকের পোষাক	너버자떠게르 뽀샦	갓난이 옷	গাস্ নান্ই ওস্
বাচ্চাদের হাত মোজ	바짜데르 하드 모자	손싸기	সোন্সাগি
পায়ের মুজা	빠에르 무자	양말	ইয়াংমাল
টুপি	투삐	모자	মোজা
বাচ্চাদেও জুতা	바짜데르 주따	아기 신발	আগি সিন্বাল
মায়ের দুধ বের করার ছোট পাম্প	마에르 둗 베르 꺼라르 초토 빰쁘	유축기	ইউছুক্গি
বেবী কেরিজ	베비 께리즈	유모차	ইউমোছা
খেলনা	켈나	장난감	জাংনান্গাম্
লালাপোষ	라라뽀스	턱받이	থোগবাদি
রুমাল	루말	손수건	সোন্সুগন
পাউডার	빠우다르	파우더	ফাউড
বাচ্চাদের সাবান	바짜데르 사반	아이 비누	আয়ি বিনু
বাচ্চাদের শ্যাম্পু	바짜데르 샘푸	아기 샴푸	আগি শ্যাম্পু

우리 아기 기저귀 갈아 주세요.
উরি আগি গিজগি গার্য়া জুসেও

আমাদের বাচ্চার গিজগি পরিবর্তন করে দাও।
아마데르 바짜르 귀저기 뻐리버르떤 꺼레 다오

아이 구두를 갈아 주세요.
আয়ি গুদুরুল গার্য়া জুসেও

বাচ্চার জুতা পরিবর্তন করে দাও।
바짜르 주따 뻐리버르떤 꺼레 다오

III

유용한 표현
প্রয়োজনীয় অভিব্যক্তি

인사
সালাম

처음 만날 때
প্রথম সাক্ষাতে

안녕하세요?
আন্নিয়ং হাসেও

কেমন আছেন?
께먼 안첸

처음 뵙겠습니다.
ছোউম বেব্গেস্নিদা

এই প্রথম আপনার সাথে দেখা হলো।
에이 쁘러텀 아쁘나르 샤테 데카 헐로

만나서 반갑습니다.
মান্নাসো বান্গাবস্নিদা

দেখা হয়ে খুশী হলাম।
데카 허에 쿠쉬 헐람

이름이 무엇이에요?
ইরুমই মুঅৎইয়েও

নাম কি?
남 끼

제 이름은 ~이에요.
জে ইরুমউন... ইয়েও

আমার নাম...
아마르 남

몇 살이에요?
মিয়ছ্ সাল্ইয়েও

বয়স কত?
버어스 꺼떠

스무 살이에요.
সুমু সাল্ইয়েও

বিশ বছর।
비스 버서르

또 봐요.
তো বোয়ায়ও

আবার দেখা হবে।
아바르 데카 허베

네, 또 뵙겠습니다.
নে, তো বেব্গেস্নিদা

হ্যা, আবারও দেখা হবে।
해 아바르오 데카 허베

가족이 몇 명이에요?
গাজোগই মিয়ছ্ মিয়ংইয়েও

পরিবারে লোক সংখ্যা কত জন?
뻐리바레 로-ㄲ 성카 꺼떠 전

당신 직업은 뭐예요?
দাংসিন জিগ্অব্ মোয়েও

আপনার পেশা কি?
아쁘나르 뻬샤 끼

당신 취미는 무엇이에요?
দাংসিন ছুইমিনুন্ মুঅৎইয়েও

আপনার হবি/শখ কি?
아쁘나르 허비/셔크 끼

왜 한국에 왔어요?
ওয়ে হান্গুগ্য়ে ওয়াস্য়ও

কোরিয়ায় কেন এসেছেন?
코리아에 껜노 에세첸

한국을 좋아해요.
হান্গুগ্ উল্ জোয়া হেও

কোরিয়া ভালো লাগে।
코리아 발로 라게

한국에서는 월급도 많이 줍니다.
হান্গুগ্য়েসো নুন্ অল্গুব্দো মানি জুব্নিদ।

কোরিয়াতে বেতনও বেশী দেয়।
코라아떼 베떤오 베시 데에

왜 한국 사람하고 결혼하려고 해요?
ওয়ে হান্গুগ্ সারাম হাগো গিয়র্হোন্ হারিয়গো হেও

কেন কোরিয়ানদের সাথে বিয়ে করতে চান?
껜노 코리안데르 샤테 비에 꺼르데 짠

학교는 어디 나오셨어요?
হাগ্‌গিয় ওদি নাওসোস্‌য়ও

লেখা পড়া কোথায় কতদুর করেছেন?
레카 뻐라 꼬타에 꺼떠두르 꺼레첸

다카 대학을 졸업했어요.
ঢাকা দেহাগ উল্‌ জোল্‌অব্‌ হেসয়ও

ঢাকা কলেজ থেকে গ্রাজুয়েশন করেছি।
다카 껄레즈 테께 그라주에션 꺼레치

부모님과 함께 사나요?
বুমোনিম্‌ গোয়া হাম্‌কে সানায়ও

বাবা মায়ের সাথে এক সাথে বসবাস করেন?
바바 마에르 사테 에끄사테 버서바스 꺼렌

고향이 어디에요?
গোয়হাংই ওদিয়েও

জন্মস্থান কোথায়?
전머스탄 꼬타에

인사
সালাম

안녕하십니까? / 안녕하세요?
আন্নিয়ংহাসিব্নিকা / আন্নিয়ংহাসেও

ভালো আছেন?
발로 아첸

만나서 반갑습니다.
মান্নাসো বান্গাবস্নিদা

দেখা হয়ে খুশি হলাম।
데카 허에 쿠쉬 헐람

어느 나라 사람이에요?
অনো নারা সারামইয়েও

কোন দেশী লোক?
꼰 데쉬 록

방글라데시 사람이에요.
বাংলাদেশী সারাম্ইয়েও

বাংলাদেশী লোক।
방글라데시 록

한국에서 무슨 일을 해요?
হান্গুগ্ এসো মুসুন ইল্উল্ হেও

কোরিয়াতে কি কাজ করেন?
코리아떼 끼 까즈 거렌

가정주부예요.
গাজং জুবুয়েও

আমি একজন গৃহিনী।
아미 에끄전 그리히니

혼자 왔어요?
হুন্‌জা ওয়াস্‌য়ও

একা এসেছেন?
에까 에세첸

남편과 같이 왔어요.
নাম্‌ফিয়ন গোয়া গাচ্ছি ওয়াস্‌য়ও

স্বামীর সংগে একসাথে এসেছি।
샤미르 성게 에끄샤테 에세치

한국어를 아세요?
হান্‌গুগ্‌ অরুল আসেও

কোরিয়ান ভাষা জানেন?
코리안 바샤 자넨

지금 한국어를 배우고 있어요.
জিগুম হান্‌গুগ্‌ অরুল বেউগো ইস্‌য়ও

এখন কোরিয়ান ভাষা শিখ্‌ছি।
에컨 코리안 바샤 시크치

요즘 어떻게 지내세요?
ইউজুম অত্তকে জিনেসেও

আজ কাল দিন কাল কেমন চলছে?
아즈 깔 딘 깔 께먼 쩔체

건강하세요?
গন্‌গাং হাসেও

শরীর ভালো তো?
서리르 발로 또

가족도 건강하세요?
গাজোগ্দো গন্গাং হাসেও?

পরিবারের সবার শরীর ভালো আছে?
뻐리바레르 서바르 서리르 발로 아체?

안부를 좀 전해 주세요.
আন্বুরুল জোম্ জন্হে জুসেও

দয়া করে আমার ছালাম জানাবেন
더야 꺼레 아마르 살람 자나벤

많이 도와 주셔서 감사 합니다.
মানি দোওয়া জুসোসো গাম্ছাহাপ্নিদা

অনেক সাহায্য করেছেন এজন্য ধন্যবাদ।
어네끄 샤하조 꺼레첸 에전노 던노바드

시간이 있으면 놀러 오세요.
সিগানি ইস্ওমিয়ন নুল্লো ওসেও

সময় থাকলে বেড়াতে আসেন।
서머이 타끌레 베라떼 아센

요즘 회사 일 바빠요?
ইউজুম হোইসা ইল বাপ্পাও?

আজকাল কোম্পনীর কাজ অনেক ব্যস্ত নাকি?
아즈깔 컴빠니르 까즈 어네끄 배스떠 나끼?

그저 그래요.
গুজো গুরেও

আছে আর কি।
아체 아르 끼

도움이 필요하면 말씀하세요.
দোউমই ফিলইওহামিয়ন মালসুম হাসেও

সাহায্যের প্রয়োজন হলে বলেন।
서하제르 쁘르어전 홀레 벌렌

헤어질 때의 인사
বিদায় নেওয়ার সময় সালাম

지금 가야 해요.
জিগুম খায়াহেও

এখন যেতে হবে।
에컨 제떼 허베

또 만나요.
তো মান্নায়ও

আবারও দেখা হবে।
아바르오 데카 허베

잘 가요.
জাল গায়ও

ভালো ভাবে যান।
발로 바베 잔

조심해서 가세요.
জোসিম হেসো গাসেও

সাবধান ভাবে যান।
삽단 바베 잔

잘 지내세요.
জাল জিনেসেও

ভালো ভাবে জীবন যাপন করেন।
발로 바베 지번 자뻔 꺼렌

또 연락할게요.
তো ইয়লাগ হালগেও

আরো যোগাযোগ করবো।
아로 조가족 꺼르보

안녕히 가세요. (যিনি থাকবেন তিনি বলবেন)
আন্নিয়ংহি গাসেও

শুভ বিদায়।
수버 비다이

안녕히 계세요. (যিনি চলে যাবেন তিনি বলবেন)
আন্নিয়ংহি গেসেও

ভালো থাকুন।
발로 타꾼

또 뵙겠습니다.
তো বেব্‌গেসুব্‌নিদা

আবারো দেখা হবে।
아바로 데카 허베

가 보겠습니다.
গা বোগেস্‌নিদা

চলে যাচ্ছি।
쩔레 자쯔치

건강 조심하세요.
গন্‌গাং জোসিমহাসেও

শরীরের যত্ন নিবেন।
서리레르 젓노 니벤

좋은 하루 되세요.
জোউন হারু দেসেও

ভালো দিন কাটান।
발로 딘 까탄

잘 갔다 오세요.
জাল গাত্তা ওসেও

ভালো গিয়ে আসুন।
발로 기에 아순

실례하지만 먼저 갈게요.
সিল্লে হাজিমান মন্জো গালগেও

দু:খিত আগে যাবো।
두키떠 아게 자보

남녀관계 대화
নারী পুরুষ সম্পর্কের কথোপকথন

남성(পুরুষ):나는 당신을 사랑합니다.
নানুন দাংসিন উল সারাংহাবনিদা।

আমি তোমাকে ভালোবাসি।
아미 또마께 발로바쉬

여성(নারী): 나는 당신을 사랑합니다.
নানুন দাংসিন উল সারাংহাপনিদা

আমি তোমাকে ভালোবাসি।
아미 또마께 발로바쉬

한국에 돌아가면 당신이 보고싶을 거예요.
হানগুগে দুরাগামিয়ন দাংসিনই বোগোসিপউল গয়েও

কোরিয়ায় ফিরে গেলে তোমাকে দেখতে মন চাইবে।
코리아에 피레 겔레 또마께 데크떼 먼 짜이베

식사하세요.
সিগ্সা হাসেও

খাবার খান।
카바르 칸

방글라데시 음식 맛있어요
বাংলাদেশী উমসিক মাসি ইসোও

বাংলাদেশী তরকারী মজাদার।
방글라데시 떠르까리 머자다르

식당이 어디예요?
সিগ্তাংই ওদিয়েও

রেষ্টুরেন্ট কোথায়?
레스뚜렌트 꼬타에

방글라데시는 너무 더워요.
বাংলাদেশনুন নমু থয়াও

বাংলাদেশ অনেক গরম।
발글라데시 어네끄 거럼

에어컨 좀 켜 주세요.
এয়কন জোম খিয় জুসেও

এয়ারকন একটু চালু করে দিন।
에아르컨 에끄투 짤루 꺼레 딘

먼저 타시죠.
মন্জো থাসিজো

আগে চড়েন।
아게 쩌렌

당신 먼저 하세요.
দাংসিন মনজো হাসেও

আপনি আগে করেন।
아쁘니 아게 꺼렌

샤워하세요.
সাওয়া হাসেও

গোসল করেন।
고설 꺼렌

불 꺼 주세요.
বুল ক জুসেও

আলো নিভিয়ে দিন।
알로 니비에 딘

문을 잠가 주세요.
মুন্উল জাম্গা জুসেও

দরজা বন্ধ করে দিন।
더러자 번더 거레 딘

편안히 계세요.
ফিয়নআনহি গেসেও

আরামদায়ক ভাবে থাকেন।
아람다에억 바베 타껜

옆에 누우세요.
ইয়্ফে নুউসেও

পাশে শুয়ে পড়েন।
빠세 수에 뻐렌

제 팔을 베고 누우세요.
জে ফালউল বেগো নুউসেও

আমার বাহুর উপর শোন্।
아마르 바후르 우뻐르 숀

오늘 제 몸이 많이 피곤해요.
অনল জে মোম্ই মানি ফিগোন হেও

আজ আমার শরীরটা অনেক ক্লান্ত।
아즈 아마르 서리르타 어네끄 끌란떠

잠 자고 싶어요.
জাম জাগো সিফোও

ঘুমাতে মন চায়।
구마떼 먼 짜에

오늘은 생리 날이에요.
অনল্উন্ স্যাংরি নালইয়েও

আজ মাসিকের দিন।
아즈 마시께르 딘

타월 어디에 있어요?
তাওয়াল ওদিয়ে ইসয়ও

তাওয়াল কোথায় আছে?
따오알 꼬타에 아쳬

불이 안 들어왔어요.
বুল্ই আন্ দুরো ওয়াসয়ও

আলো আসেনি।
알로 아세니

샤워기가 고장났어요.
শাওয়াগিগা গোজাং নাস্য়ও

গোসলের ঝরণা নষ্ট হয়েছে।
고설레르 저르나 넛터 허에체

변기가 고장났어요.
বিয়ন্গিগা গোজাংনাস্য়ও

কমোট নষ্ট হয়েছে।
꺼머트 너스터 허에체

내일 사랑을 나누면 어떠세요?
নেইল সারাং নানুমিয়ন অত্তেসেও

আগামী কাল ভালোবাসা বিনিময় করলে কেমন হয়?
아가미깔 발로바샤 비니머이 꺼를레 께먼 허이

칫솔과 치약 그리고 면도기가 없어요.
ছিতসোল গোয়া ছিয়াক গুরিগো মিয়নদোগিগা অবসও

দাঁতের ব্রাশ ও টুথ পেষ্ট এবং সেভিং রেজর নাই।
다 떼르 브라쉬 오 툿 뻬스터 에벙 세빙 레저르 나이

당신 다 예쁜데 잘 안 삐쳤으면 더 좋겠어요.
দাংসিন দা ইয়েপ্পুনদে জাল্ আন্ পিজিয়স্য়োমিয়ন দো জোহ্গেছ্য়ও

তোমার সব কিছু সুন্দর কিন্তু শুধু একটু অভিমান কম হলে ভালো হতো।
또마르 섭 끼추 순더르 낀뚜 수두 에끄투 어비만 껌 헐레 발로 허떠

당신이 집에 늦게 오니까 그렇죠.
দাংসিনই জিবে নুজ্গে ওনিকা গোরোজো

তুমি বাসায় দেরীতে ফিরো এজন্য এমন।
뚜미 바사이 데리떼 피로 에전노 에먼

한국에는 모임이 많아서 가끔 집에 늦게 들어 올 수도 있어요.
হান্গুগয়েনুন্ মোইমি মানাসো গাক্কুম জিবে নুজ্গে দোরো ওল্সুদো ইস্য়ও

কোরিয়াতে মিটিং অনেক বেশী বলে মাঝে মাঝে বাসায় ফিরতে দেরী হতেও পারে।
꼬리아떼 미팅 어네끄 베쉬 벌레 마제 마제 바사이 피르떼 데리 허떼오 빠레

늦게 오게 되면 미리 전화하세요.
নুজ্গে ওগে দেমিয়ন মিরি জন্হোয়া হাসেও

দেরীতে আসলে আগে বাগে ফোন করবা।
데리떼 아슬레 아게 바게 폰 꺼르바

가끔 그렇지 못할 때도 있으니까 이해해 주세요.
গাক্কুম গোরোজি মোৎ হাল্ তেদো ইস্ওনিকা ইহে হে জুসেও

মাঝে মাঝে ওরকম না করা হতে পারে বলে বুঝে নিও।
마제 마제 오러껌 나 꺼라 허떼오 빠레 벌레 부제 니오

이해하는데 자주 하면 안 돼요.
ইহে হানুন্দে জাজু হামিয়ন আনদেও

বুজতে পেরেছি কিন্তু সচরাচর অমন করলে হবে না।
부즈떼 빼레치 낀뚜 서짜라짜르 어먼 꺼를레 허베나

이해해 줘서 고마워요.
ইহে হে জুসো গোমায়ও

আমাকে বুজতে পেরেছো বলে ধন্যবাদ।
아마께 부즈떼 빼레초 벌레 던노바드

밖에서 술 많이 마시고 오면 안 돼요.
বাক্কেসো সুল্ মানি পিছিজি ওমিয়ন আন্দেও

বাইরে থেকে মদ অনেক পান করে আসলে হবে না।
바이레 테께 머드 어네끄 빤 꺼레 아슬레 허베 나

술 먹고 실수할까 봐 그렇지요?
সুল মগ্‌কো সিলসু হালকা বোয়া গুরোজিও

মদ খেয়ে ভুল করে ফেলতে পারি সেজন্য তো?
머드케에 불 꺼레 펠떼 빠리 세전노 또?

이제 왜 지난번에 삐쳤는지 알았겠죠?
ইজে ওয়ে জিনান্‌ বনে পিজিয়স্‌নুন্‌জি আরাগেস্‌জো?

এখন বুজতে পেরেছো কেন আগের বার অভিমান করেছিলাম?
에컨 부즈떼 뻬레초 께노 아게르 바르 어비만 꺼레칠람?

그래서 미안하다고 했잖아요.
গোরেসো মিয়ান হাদাগো হেচ্ছানায়ও

এই জন্য দু:খিত বলেছিলাম তো।
에이 전노 두키또 벌레칠람 또

왜 가끔 집에서 안 자고 다른 데서 잤어요?
ওয়ে গাক্কুম জিবেসো আন্‌ জাগো দারোন দেসো জাস্‌য়ও?

কেন মাঝে মাঝে বাসায় না ঘুমিয়ে অন্য জায়গায় ঘুমিয়েছেন?
께노 마제 마제 바사에 나 구미에 언노 자에가에 구미에첸?

한국에서 친한 친구의 아버지나 어머니께서 돌아가시면 빈소에서 밤을 같이 새요.
হানগুগয়েসো ছিন্‌হান্‌ ছিনগুয়ে আবজি না অমোনি কেসো দোরাগাসিমিয়ন বিন্‌সোয়েসো বাম্‌উল গাথ্‌ছি সেও

কোরিয়াতে কাছের বন্ধুর বাবা বা মা মারা গেলে কফিন রাখার ঘরে এক সাথে রাত কাটাতে হয়।
코리아떼 까체르 번두르 바바 바 마 마라 겔레 꺼핀 라카르 거레 에끄 샤테 라뜨 까타떼 허이

아, 그렇구나, 몰랐어요.
আ, গোরোগুনা , মুল্লাস্য়ও

আচ্ছা , তাই বুজি, জান্তাম না
아쯔차, 따이, 부지, 잔땀 나

될 수 있으면 다른 데서 자지 않을게요.
দেল্সু ইস্ওমিয়ন দারোনদেসো জাজি আনুলগেও

যত সম্ভর অন্য জায়গায় ঘুমাবো না।
저떠 섬법 언노 자에가에 구마보 나

혼자 자면 무서워요.
হোন্জা জামিয়ন মুসোয়ও

একা ঘুমালে ভয় লাগে।
에까 구말레 버에 라게

앞으로 혼자 자게 하지 않을 테니까 많이 삐치지 마세요.
আফোরো হোন্জা জাগে হাজি আন্উল্থেনিকা মানি পিছিজি মাসেও

ভবিষ্যতে একা ঘুমাতে দিবো না এজন্য বেশী অভিমান করো না।
버비셔떼 에까 구마떼 디보나 에전노 베시 어비만 꺼로 나

우리 서로 이해하는 마음으로 살기로 했잖아요.
উরি সরো ইহেহানুন মাউমোরো সালগিরো হেস্জানায়ও

আমরা একে অপরকে বুজে বসবাস করবো ঠিক করেছি না।
암라 에께 어뻐르께 부제 버서바스 껄보 티끄 꺼레치 나

우리 숨김없이 모든 걸 다 털어 놓고 말해요.
উরি সুংগিম অবসি মোদুন গল্ দা থরো নোহ্গো মাল্হেও

আমরা কোন কিছু গোপন না রেখে সব কিছু খোলা মেলা কথা বলবো।
암라 꼬노 끼추 꼬뻔 나 레케 섭 끼추 콜라 멜레 꺼타 벌보

툭하면 화내지 않기로 약속해요.
থুগ্হামিয়ন হোয়ানাজি আন্গিরো ইয়াগ্সোগ হেও

এসো ঠুন্কো বিষয়ে রাগ না করার শপথ করি।
에소 툰꼬 비서에 락 나 꺼라르 서뻐트 꺼리

말이 아직 안 통하니까, 우리 싸우지 말고 먼저 통역관에게 전화해요.
মালি আজিক আন্ থোংহানিকা, উরি সাউজি মালগো মন্জো থোংইয়গ এগে জন্হোয়া হেও

কথা বার্তা এখনো আদান প্রদান হচ্ছেনা বলে আমরা ঝগড়া না করে দোভাষীকে আগে ফোন করি।
꺼타 바르따 에컨오 아단 쁘러단 허체 나 벌레 암라 적라 나 꺼레 도 바시께 아게 폰 꼬리

알겠어요, 늦었으니까 자요.
আল্গেস্য়ও, নুজোস্ওনিকা জায়ও

বুজতে পেরেছি, দেরী হয়েছে ঘুমাও।
부즈떼 뻬레치, 데리 허에체 구마오

결혼식장에서
বিয়ের অনুষ্ঠানে

부모님 감사합니다.
বুমোনিম গাম্সাহাব্নিদা

মা বাবাকে ধন্যবাদ।
마 바바께 던노바드

저희 절을 받으세요.
জহি ঝল্উল্ ফাদ্উসেও

আমাদের সর্বোচ্চ সালাম গ্রহন করুন।
아마데르 서르보쪼 살람 그러헌 꺼룬

한국에 돌아가면 행복하게 잘 살겠습니다.
হান্গুগ্য়ে দুরোগামিয়ন হেংবোগ্হাগে সালগেসুপনিদা

কোরিয়াতে গিয়ে সুখে শান্তিতে বসবাস করবো।
코리아떼 기에 수케 산띠떼 버서바스 꺼르보

너무 걱정하지 마세요.
নমো গগ্জং হাজি মাসেও

বেশী দু:শ্চিন্তা করবেন না।
베시 두스찐따 꺼르벤 나

자주 연락 드리겠습니다.
জাজু ইয়ন্লাগ দুরিগেসুপ্নিদা

বার বার যোগাযোগ করবো।
바르 바르 조가족 꺼르보

이것은 한국에서 준비한 선물입니다.
ইগস্উন্ হান্গুগেসো জুন্বিহান্ সন্মুল ইব্নিদা

এটা কোরিয়া থেকে প্রস্তুতি নেওয়া উপহার।
에타 코리아 테께 쁘로스뚜띠 네오아 우뻐하르

제 성의이니까 받아 주세요.
জে সংয়েইনিকা বাদা জুসেও

আমার অন্তরের গভীর থেকে দিচ্ছি বলে গ্রহন করুন।
아마르 언떠레르 거비르 테께 디쯔치 벌레 그러헌 꺼룬

바쁘신데 저희 결혼식에 와 주셔서 감사합니다.
বাপ্পোসিন্দে জহি গিয়র্হোন্ সিগ্য়ে ওয়া জুশসঅ

গাম্সাহাব্নিদা

ব্যাস্ত থেকেও আমাদের বিয়েতে এসেছেন এজন্য
ধন্যবাদ জানাই।
배스떠 테께오 아마데르 비에떼 에세첸 에전노 던노바드 자나이

식당에서
রেস্টুরেন্টে

어서오세요.
অসোওসেও

স্বাগতম।
샤거떰

여기요! 주문 받으세요.
ইয়গিও! জুমুন বাদ্উসেও

এদিকে আসুন! অর্ডার নিন।
에디께 아순! 오다르 닌

주문하시겠어요?
জুমুন হাসিগেসোও

অর্ডার দিতে চান?
오다르 디떼 짠

무엇을 드시겠어요?
মুঅসুল্ দুসিগেসোও

কি খাবেন?
끼 카벤

밥을 주세요.
বাব্উল্ জুসেও

ভাত দিন।
바뜨 딘

방글라데시 카레 주세요.
বাংলাদেশী খারে জুসেও

বাংলাদেশী মসলা যুক্ত তরকারি দিন।
방글라데시 머슬라 죽떠 떠르까리 딘

음료수 무엇으로 할까요?
উমরিউসু মুঅসোরো হাল্‌কাও

ড্রিংকস কোনটা দিবো?
드링스 꼰타 디보

물 주세요.
মুল জুসেও

পানী দিন।
빠니 딘

지금 배고파요.
জিগুম বে গোফাও

এখন ক্ষুধা লেগেছে।
에컨 쿠다 레게체

화장실이 어디예요?
হোয়াজাং সিল অদিয়েও

টয়লেট কোথায়?
토일릿 꼬타에

디저트는 무엇으로 하시겠어요?
ডিজথোনুন মুঅস্‌ওরো হাসিগেসয়ও?

ডিজার্ট হিসাবে কি খাবেন?
디저트 히샤베 끼 카벤

커피 한 잔 주세요.
কফি হান জান জুসেও

কফি এক কাফ দিন।
커피 에끄 까프 딘

더 필요한 것 없으세요?
তঅ ফির্ইওহান্ গস্ অবসোসেও

আরো কিছু দরকার নাই?
아로 끼추 더르까르 나이

수저 주세요.
সুজো জুসেও

চামচ এবং কাঠি দিন।.
짜머쯔 에벙 까티 딘

화장지 주세요.
হোয়াজাংজি জুসেও

টিসু পেপার দিন।
티수 뻬빠르 딘

이쑤시개 주세요.
ইসুসিগে জুসেও

দাতঁ খিলান দিন।
다뜨 킬란 딘

입 주위를 닦으세요.
ইব্ জুইরুল তাক্কোসেও

ঠোঁট মুখ মুছে ফেলুন।
토트 무크 무체펠룬

우리 각자 계산해요.
উরি গাগ্জা গিয়সান্ হেও

খাবার বিল আলাদা ভাবে দেন।
카바르 빌 알라다 바베 덴

잔돈 가지세요.
জান্ দোন্ গাজিসেও

খুচরা পয়সা নিন।
쿠쯔라 뻐이샤 닌

제가 낼게요.
জেগা নেল্গেও

বিল আমি দিবো।
빌 아미 디보

이동
চলাচলের সময়

실례합니다. 여기가 어디죠?
সিলেহাব্নিদা। ইয়গিগা ওদিজো

দুঃখিত। এখানটা কোথায়?
두키떠. 에칸타 꼬타에

길을 잃었어요.
গিলউল ইরস্য়ও

পথ ভুলে গিয়েছি।
뻐트 불레 기에치

이 호텔까지 어떻게 가나요?
ই হোটেল কাজি অত্তোগে গানায়ও

এই হোটেল পর্যন্ত কিভাবে যাবো?
에이 호텔 뻐르준떠 끼바베 자보

죄송합니다. 저도 여기는 처음이에요.
জোয়সোংহাব্নিদা। জ দো ইয়গিনুন ছোউমইয়েও

দুঃখিত। আমিও এখানে প্রথম।
두키떠. 아미오 에카네 쁘러텀

이 길을 따라가세요.
ই গিলউল তারা গাসেও

এই পথ অনুসরন করে যান।
에이 뻐트 어누서런 꺼레 잔

오른쪽으로 가세요.
ওরোন চুগওরো গাসেও

ডান ঘুমাও দিকে।
단 디께 잔

왼쪽으로 가세요.
ওইন চুগওরো গাসেও

বাম দিকে যান।
밤 디께 잔

똑바로 가세요.
তোগ্বারো গাসেও

সোজা সুজি যান।
소자수지 잔

저랑 같이 가세요.
জরাং গাথ্ই গাসেও

আমার সাথে একসাথে যান।
아마르 샤테 에끄 샤테 잔

택시 타는 곳이 어디에요?
টেক্সি থানুন্ গোস্ই ওদিয়েও

টেক্সি চড়ার জায়গা কোথায়?
택시 쩌라르 자이가 꼬타에

얼마나 걸려요?
অলমানা গল্লিয়ও

সময় কত লাগবে?
서머이 꺼떠 락베

다 왔어요.
থা ওয়াস্য়ও

এসে গিয়েছি।
에세 기에치

먼저 내리세요.
মন্জো নেরিসেও

আগে নামুন।
아게 나문

호텔에서
হোটেলে

방이 있어요?
বাংই ইসয়োও

রুম আছে কি?
룸 아세 끼

방을 예약하고 싶은데요.
বাংউল এয়াক হাগোসিফ্উন্দেও

রুম ভাড়া করতে চাই।
룸 바라 꺼르떼 짜이

어떤 방을 드릴까요?
অত্তন বাংউল্ দুরিলকাও

কি ধরণের রুম দিব?
끼 더러네르 룸 디보

싱글룸 하나 주세요.
সিংগেল দিকে হানা জুসেওঁ

সিংগেল একটা রুম দেন।
싱겔 에끄타 룸 덴

하루 방값 얼마예요?
হারু বাং গাপ্স অলমাও

এক দিনে রুম ভাড়া কত?
에끄 디네 룸 바라 꺼떠

선불이에요.
সন্ বুল্ইও

এক হাজার ডলার।
에끄 하자르 덜라르

며칠 동안 묵을 거예요?
মিয়ছিল দোংয়ান মুগউল গয়েও

কত দিন থাকার কথা ভাবছেন?
꺼떠 딘 타까르 꺼타 밥첸

7일 동안 묵을 예정이에요.
ছির ইল্ দোংয়ান মুগ্উল এজংইয়েও

৭ দিন থাকার কথা ভাবছি।
샷 딘 타까르 꺼타 밥치

몇 호실이에요?
মিয়ছ হোসিল্ইয়েও

কত নম্বর রুম?
꺼떠 넘버르 룸

짐 좀 올려 주세요.
জিম্ জোম উলিয় জুসেও

মাল জিনিস একটু তুলে দিন।
말 지니쉬 에끄투 뚤레 딘

짐 좀 내려 주세요.
জিম্ জোম নেরিয় জুসেও

মাল জিনিস একটু নামিয়ে দিন।
말 지니쉬 에끄투 나미에 딘

체크아웃 하려고요.
চেক আউট হারিয়গয়ও

রুম ছেড়ে দিতে চাই
룸 체레 디떼 짜이

아침 식사도 포함해요?
আছিম সিকচাদো ফোহাম হেও

সকালের খাবার কি সংযুক্ত?
셔깔레르 카바르 끼 성주끄떠

여기 계산서예요.
ইয়গি গেসান্সোইয়েও

বিলের হিসাব এখানে আছে।
빌레르 히샵 에카네 아체

환전이 돼요?
হোয়ান্জন্ই দেও

ডলার পরিবর্তন হবে?
덜라르 뻐리버르떤 호베

전화 오면 바꿔 주세요.
জন্হোয়া ওমিয়ন বাক্কো জুসেও

ফোন আসলে আমাকে দিবেন।
폰 아쉴레 아마께 디벤

내일 8시에 깨워 주세요.
নেইল ইয়দল্সিয়ে কেও জুসেও

আগামী কাল ৮ টায় ডেকে দিবেন।
아가미 깔 앝타이 데께 디벤

택시 좀 불러 주세요.
টেক্সি জোম বুল্লো জুসেও

দয়া করে টেক্সি ডেকে দিন।
더야 꺼레 택시 데께 딘

여기서 세탁이 돼요?
ইয়গিসো সেথাগি দেও

এখানে কাপড় ধোয়া যাবে?
에카네 까뻐르 도아 자베

여기서 세탁이 돼요.
ইয়গিসো সেথাগি দেও

এখানে কাপড় ধোয়া যাবে।
에카네 까뻐르 도아 자베

세탁비는 얼마예요?
সেথাগ বি অল্মায়েও

কাপড় ধোয়ার বিল কত?
까뻐르 도아르 빌 꺼떠

제 방 키는 어디에 있어요?
জে বাং কিনুন্ অদিয়ে ইসয়োও

আমার রুমের চাবি কোথায় আছে?
아마르 루메르 짜비 꼬타이 아체

제가 방 키를 잃어 버렸어요.
জেগা বাং কিরুল ইরো বরিয়সোও

আমি রুমের চাবি হারিয়ে ফেলেছি।
아미 루메르 짜비 하리에 펠레치

식사 주문도 돼요?
সিক্সা জুমুনদো দেও

খাবার অর্ডারও কি নেওয়া হয়?
카바르 오다르 끼 네오아 허이

공항에서
বিমান বন্দরে

여권 좀 보여 주세요.
ইয়গন জোম বোইয় জুসেও

দয়া করে পাসপোর্ট দেখান।
더이아 꺼레 패스포트 데칸

티켓 좀 보여 주세요.
টিকেট জোম বোইয় জুসেও

দয়া করে টিকেট দেখান।
더이아 꺼레 티켓 데칸

여권과 티켓 여기 있어요.
ইয়গন গোয়া টিকেট ইয়গি ইসোও

পাসপোর্ট ও টিকেট এখানে আছে।
패스포트 오 티켓 에카네 아체

한국에 오신 이유가 뭐예요?
হান্গুগে ওসিন ইউগা মোয়েও

কোরিয়ায় আসার কারণ কি?
코리아에 아샤르 까런 끼

한국 사람과 결혼했어요.
হানগুগ সারাম গোয়া গের্হোন হেসেও

কোরিয়ানের সাথে বিয়ে করেছি
코리아네르 샤테 비에 꺼레첸

출입국 카드는 어떻게 작성하나요?
ছুল ইবগুগ কার্ড অত্তগে জাগসংহানায়ো

আসা যাওয়ার কার্ড কি ভাবে লিখতে হয়?
아사 자오아르 카드 끼바베 리크떼 허이

짐은 어디서 찾나요?
জিম্উন অদিসো ছাজ্নাও

লাগেজ কোথায় খুজতে হবে?
라게즈 꼬타이 쿠즈떼 허베

가방을 잃어 버렸어요.
গাবাং ইরো বোরিয়সয়োও

ব্যাগ হারিয়ে ফেলেছি।
배그 하리에 펠레치

걱정하지 마세요. 가방을 찾아 드리겠어요.
গগ্জং হাজি মাসেও। গাবাংউল ছাজা দুরিলগেও

দু:শ্চিন্তা করবেন না। ব্যাগ খুজে দিব।
두스찐따 꺼르벤 나. 배그 쿠제 디보

몇 번 출구로 가야 하나요?
মিয়ছ বন্ ছুলগুরো গায়া হানায়ো

কত নম্বর গেট দিয়ে যেতে হবে?
꺼떠 넘버르 게이트 디에 제떼 허베

가족관계

পারিবারিক সম্পর্ক

부모님 안녕하세요.
বুমোনিম আন্নিয়ং হাসেও

আব্বা আম্মা আস্সালা মুয়ালাইকুম।
압빠 암마 앗살라 무알라이꿈

부모님 건강하세요?
বুমোনিম গন্গাং হাসেও

আব্বা আম্মা আপনাদের শরীর ভালো আছেন?
압빠 암마 아쁘나데르 셔리르 발로 아첸

부모님과 친척 뵙게 돼서 반갑습니다.
বুমোনিম গোয়া ছিন্ছক্ বেবকে থেসো বানগাবস্নিদা

আব্বা আম্মা ও আত্মীয় স্বজনদের সাথে দেখা হয়ে খুশী হলাম।
압빠 암마 오 아띠어 서전데르 사테 데카 허에 쿠쉬 헐람

한국말을 아직 많이 못 해요.
হান্গুগ মাল্উল্ আজিক মানি মোতহেও

কোরিয়ান ভাষা এখনো বেশী পারি না।
코리안 바샤 에컨오 베쉬 빠리나

한국 음식을 아직 못 먹어요.
হান্গুগ উমসিকউল আজিক মোত্ মোগয়োও

কোরিয়ান খাবার এখনো খেতে পারিনা।
코리안 카바르 에컨오 케떼 빠리나

어머님 한국말과 요리 가르쳐 주세요!
অমনিম হান্গুগমাল গোয়া ইউরি গারোচ্ছো জুসেও

আম্মা কোরিয়ান ভাষা ও রান্না করা শিখিয়ে দিন।
암마 코리안 바샤 오 란나 꺼라 시키에 딘

가족 모두 사랑해 주세요.
গাজুক মোদু সারাংহে জুসেও

পরিবারের সবাই ভালোবাসা দিন।
뻐리바레르 서바이 발로바샤 딘

드리려고 방글라데시에서 가져 온 선물이에요.
দুরিরিয়গো বাংলাদেশেছো গাজিয় অন সন্মুলইও

দেওয়ার জন্য বাংলাদেশ থেকে আনা উপহার।
데오아르 전노 방글라데시 테께 아나 우뻐하르

몇시에 일어나야 해요?
মিয়ৎসিয়ে ইরোনায়া হেও

কয়টার সময় উঠতে হবে?
꺼에타르 셔머이 우트떼 허베

국제전화 카드 사 주세요.
গুগ্জে জন্লহোয়া কার্ড সা জুসেও

ইন্টারন্যাশনাল ফোন কার্ড কিনে দিন।
인타르내서날 폰 카드 끼네 딘

배웅
বিদায় ও স্বাগতম

다녀왔어요?
দানিয় ওয়াস্য়ও

ফিরে এসেছেন?
피레 에세첸

네, 갔다 왔어요.
নে, গাত্তা ওয়াসয়ও

হ্যাঁ, গিয়ে আসলাম।
하, 기에 앗람

많이 힘들었죠?
মানি হিমদুরোস্জো

অনেক পরিশ্রম হয়েছে?
어네끄 뻐리스럼 허에체

괜찮아요. 집에 와서 당신을 보니까 좋아요.
গ্যানছান্য়াও, জিবে ওয়াসো দাংসিন উল বোনিকা জোয়াও

তেমন কিছু নয়, বাসায় এসে তোমাকে দেখে ভালো লাগে।
떼먼 끼추 너이, 바샤이 에세 또마께 데케 발로 라께

시원한 것 좀 마실래요?
সিওন্হান গৎ জোম মাসিল্লেও

ঠান্ডা কিছু পান করবেন?
탄다 끼추 빤 꺼르벤

고마워요. 시원한 물 좀 주세요.
গোমায়ও। সিয়ন্‌হান মুল জোম্ জুসেও

ধন্যবাদ। দয়া করে ঠান্ডা পানী দেন।
던노받. 더야 꺼레 탄다 빠니 덴

저녁 준비 다 됐어요.
জনিয়ক জুন্‌বি থা থেস্‌য়ও

সন্ধ্যার খাবার সব প্রস্তুত হয়েছে।
선다르 카바르 섭 쁘러스뚜뜨 허에체

당신 샤워하고 저녁 같이 먹어요.
দাংসিন সাওয়া হাগো জনিয়ক গাচ্ছি মগোয়ও

তুমি গোছল করে সন্ধ্যার খাবার একসাথে খাও।
뚜미 고촐 꺼레 선다르 카바르 에끄샤테 카오

네, 당신이 만든 음식 빨리 먹고 싶어요.
নে, দাংসিন মানদুন উমসিক পাল্লি মোগ্লোসিফয়ও

হ্যাঁ, তোমার রান্না করা খাবার তাড়াতাড়ি খেতে চাই।
하, 또마르 란나 꺼라 카바르 따라따리 케떼 짜이

질문과 대답

প্রশ্ন এবং উত্তর

질문

প্রশ্ন

이름이 뭐예요?
ইরুমই মোয়েও

নাম কি?
남 끼

누구예요?
নুগুয়েও

কে?
께

무슨 일을 하세요?
মুসুন ইল্ হাসেও

কি কাজ করেন?
끼 까즈 꺼렌

어디에서 오셨어요?
অদিয়েসো ওসোছ্য়ও

কোথা থেকে এসেছেন?
꼬타 테께 에세첸

지금 어디에 계세요?
জিগুম অদিয়ে গেছেও

এখন কোথায় থাকেন?
에컨 꼬타이 타껜

집은 어디에요?
জিব্উন অদিয়েও

বাসা কোথায়?
바샤 꼬티이

몇 살이에요?
মিয়ছ ছালইয়েও

বয়স কত?
버이어스 꺼떠

오늘 며칠이에요?
অনোল মিয়ছিলইয়েও

আজ কত তারিখ?
아즈 꺼떠 다리크

오늘 무슨 요일이에요?
অনোল মুসুন ইউইল ইয়েও

আজ কি বার?
아즈 끼 바르

몇시에 학교에 가요?
মিয়সিয়ে হাগ্গিয়য়ে গায়ও

কয়টার সময় স্কুলে যাবে ?
꺼이타르 서머이 스꿀레 잔

어디에 가요?
অদিয়ে গায়ও

কোথায় যান?
꼬타이 잔

무엇을 타고 오셨어요?
মুঅতুল থাগো ওসোছ্ওয়ও

কিসে চড়ে এসেছেন?
끼세 쩌레 에세첸

오늘 날씨가 어때요?
অনোল নাল্সিগা অত্তেও

আজ আবহাওয়া কেমন?
아즈 아브하오아 께먼

이것은 무엇이에요?
ই গোসুন মুঅত্ইয়েও

এটা কি?
에타 끼

요즘 뭐하세요?
ইউজুম মোহাসেও

আজকাল কি করেন?
아즈깔 끼 꺼렌

한국에서 방글라데시까지 얼마나 걸려요?
হানগুগয়েসো বাংলাদেশ কাজি অলমানা গল্লিয়ও

কোরিয়া থেকে বাংলাদেশ যেতে কত সময় লাগে?
코리아 테게 방글라데시 제떼 꺼더 서머이 라게

언제 결혼해요?
অন্জে গেরহোন হেও

কবে বিয়ে করবেন?
꺼베 비에 꺼르벤

됐어요?
দেস্অও

হয়েছে?
허에체

어때요?
অত্তেও

কেমন?
께먼

왜요?
ওয়েও

কেন?
께노

괜찮아요?
গ্যানছানাও

সমস্যা নাই তো?
서머샤 나이 또

맞아요?
মাজয়াও

ঠিক আছে?
티끄 아체

먹어도 돼요?
মগোদো দেও

খাওয়া যাবে?
카오아 자베

있어요? / 없어요?
ইছয়ও / অব্সোও

আছে? / নাই?
아체 / 나이

뭐예요?
মোয়েও

কি?
끼

맛있어요?
মাস্ ইস্অয়ও?

মজাদার?
머자다르

맛 없어요?
মাস্ অবসোয়ও?

মজাদার না?
머자다르 나

알았어요?
আরাস্য়ও

বুঝেছেন?
부제첸

몰라요?
মোল্লায়ও

জানে না?
자넨 나

이해해요?
ইহে হেও

বুঝেন?
부젠

지금 바빠요?
জিগুম বাপায়ও

এখন কি ব্যস্ত?
에컨 끼 뱃또

아파요?
আফায়ও

অসুস্থ্য?
어슷떠

많이 사랑해요?
মানি সারাং হেও

অনেক ভালোবাসেন?
어네끄 발로바센

무엇을 도와 드릴까요?
মুঅসুল দোয়া দুরিলকাও

কি সাহায্য করবো?
끼 사하저 거르보

그래요?
গেরেও

তাই নাকি?
따이 나끼

대답
উত্তর

네. / 예.
নে / ইয়ে

জী। / হ্যাঁ।
지 / 해

아니요.
আনিও

না।
나

충분해요.
ছুংবুনহেও

যথেষ্ট।
저텟터

기꺼이 하겠어요.
গিকোয়ি হাগেসয়ও

খুশি হবো।
쿠쉬 허보

좋은 생각이에요.
জোউন স্যাংগাগিয়

ভালো চিন্তা
발로 찐따

저도 그렇게 생각해요.
জদো খুরখে স্যাংগাগ হেও

আমিও ঐরকম চিন্তা করি।
아미오 오이 러껌 찐따 꺼리

알겠어요.
আলগেসও

বুঝেছি।
부제치

할 수 있어요.
হালসু ইছয়ও

করতে পারি।
꺼르떼 빠리

할 수 없어요.
হালসু অবসোয়ও

করতে পারিনা।
꺼르떼 빠리 나

다시 말하세요.
থাসি মাল হাসেও

আবার বলেন।
아바르 벌렌

죄송하지만 안 돼요.
জোয়সোং হাজিমান আনদেও

দু:খিত কিন্তু হবে না।
두키떠 낀뚜 허베나

네, 물론이에요.
নে, মুরুনিইয়েও

হ্যা, অবশ্যই।
해,어버셔이

감사와 사과
ধন্যবাদ এবং অনুতাপ

감사합니다. / 고맙습니다.
গামসাহাপ্‌নিদা / গোমাপস্‌নিদা

ধন্যবাদ।
던노바드

미안합니다. / 죄송합니다.
মিয়ানহাপ্‌নিদা / জোয়সোংহাপ্‌নিদা

দু:খিত।
두키뜨

실례합니다.(অন্য লোককে কোন কিছুর জন্য অনুরোধ করার সময়)
সিল্লেহাপনিদা

বেয়াদবি মাফ করবেন। (다른 사람한테 부탁할 때)
베아더비 마프 꺼르벤

도와 주셔서 감사합니다.
দোয়া জুসোসো গামছাহাপ্‌নিদা

সাহায্য করেছেন এজন্য ধন্যবাদ।
사하조 꺼레첸 에전노 던노바드

시간을 내 주셔서 고맙습니다.
সিগান উল নে জুসোসো গোমাপস্‌নিদা

সময় দিয়েছেন এজন্য ধন্যবাদ।
서머이 디에첸 에전노 던노바드

오히려 제가 고마워야 해요
ওহিরিয় জেগা গোমাওয়া হেও

উপরোক্ত আমারই আপনাকে ধন্যবাদ জানানো উচিত।
우뻐런떠 아마르이 아쁘나께 던노바드 자나노 우찌뜨

고의가 아니에요.
গোয়ি আনিয়েও

ইচ্ছাকৃত নয়।
이차끄리떠 너이

천만이에요.
ছন্মাইয়েও

যথেষ্ট।
저테스터

한번만 용서해 주세요.
হান্বন্ মান ইয়ংসহে জুসেও

একবার শুধু ক্ষমা করুন।
에끄바르 수두 커마 거룬

부탁과 권유
অনুরোধ এবং উৎসাহ

물을 주시겠어요?
মুলউল জুসিগেসয়ও

পানি দিবেন?
빠니 디벤

도와 주시겠어요?
দোয়া জুসিগেসয়ও

সাহায্য করবেন?
사하조 꺼르벤

담배 피워도 돼요?
দামবে ফিওদো দেও

ধুম পান করতে পারি কি?
둠 빤 꺼르떼 빠리 끼

들어가도 돼요?
দুরোগাদো দেও

চলে যেতে পারি?
쩔레 제떼 빠리

잠시 봐도 돼요?
জাম্‌সি বোয়াদো দেও

একটু দেখতে পারি কি?
에끄투 데크떼 빠리 끼

차를 태워 주시겠어요?
ছারুল থেও জুসিগেসয়ও

গাড়ীতে চড়াবেন?
가리떼 쩌라벤

식사하러 가시겠어요?
সিকসা হারো গাসিগেস্য়ও

খাবার খেতে যাবেন?
카바르 케떼 자벤

한잔 하시겠어요?
হান্‌জান্ হাসিগেস্য়ও

মদ পান করবেন?
머드 빤 꺼르벤

앉으세요.
আন্ জোসেও

বসেন।
버센

어서 오세요.
অসো ওসেও

স্বাগতম।
샤거떰

조심하세요.
জোসিম হাসেও

সাবধানে করেন।
삽다네 꺼렌

진정하세요.
জিন্‌জং হাসেও

শান্ত হোন।
샨떠 혼

좀 기다리세요.
জোম্ গিদারিসেও

দয়া করে অপেক্ষা করেন।
더야 꺼레 어뻬카 꺼렌

잠깐만요.
জাম্কামানিও

শুধু একটু মুহূর্ত।
수두 에끄투 무후르떠

천천히 하세요.
ছন্ছন্হি হাসেও

ধীরে ধীরে করেন।
디레 디레 꺼렌

빨리 하세요.
পাল্লি হাসেও

জলদি করেন।
절디 꺼렌

가르쳐 주세요.
গারোছো জুসেও

শিখিয়ে দেন।
시키에 덴

드세요.
দুসেও

খান।
칸

보여 주세요.
বোয়ও জুসেও

দেখান।
데칸

가세요.
গাসেও

যান।
잔

가지 마세요.
গাজি মাসেও

যাবেন না।
자벤 나

오세요.
ওসেও

আসেন।
아센

오지 마세요.
ওজি মাসেও

আসবেন না।
아스벤 나

기다리지 마세요.
গিদারিজি মাসেও

অপেক্ষা করবেন না।
어뻬카 꺼르벤 나

말하세요.
মাল্ হাসেও

কথা বলেন।
꺼타 벌렌

말하지 마세요.
মালহাজি মাসেও

কথা বলেন না।
꺼타 벌렌 나

따라하세요.
তারা হাসেও

আমাকে অনুসরণ করেন।
아마께 어누셔런 꺼렌

받아 주세요.
বাদা জুসেও

গ্রহন করেন।
그러헌 꺼렌

걱정하지 마세요.
গগ্ জংহাজি মাসেও

দু:শ্চিন্তা করবেন না।
두스찐따 꺼르벤 나

무서워하지 마세요.
মুসোঅ হাজিমাসেও

ভয় পাবেন না।
버이 빠벤 나

이리 오세요.
ইরি ওসেও

এখানে আসেন।
에카네 아센

저리 가세요.
জরি গাসেও

ওখানে যান।
오카네 잔

잊으세요.
ইজোসেও

ভুলে যান।
불레 잔

잊지 마세요.
ইজ্জি মাসেও

ভুলে যাবেন না।
불레 자벤 나

주지 마세요.
জুজি মাসেও

দিবেন না।
디벤 나

울지 마세요.
উল্জি মাসেও

কাঁদবেন না।
까드벤 나

웃으세요.
উস্উসেও

হাসেন।
하센

웃지 마세요.
উস্জি মাসেও

হাসবেন না।
하스벤 나

늦지 마세요.
নুজ্জি মাসেও

দেরী করবেন না।
데리 껄벤 나

꼭 사 주세요.
কোক্ সা জুসেও

অবশ্যই কিনে দেন।
어벗서이 끼네 덴

약속 지키세요.
ইয়াকসোগ্ জিখিসেও

প্রতিজ্ঞা পালন করবেন।
쁘러띠가 빨런 꺼르벤

다른 사람에게 말하지 마세요.
তারোন সারাম এগে মালহাজি মাসেও

অন্য লোকের কাছে বলবেন না।
언노 로께르 까체 벌벤 나

무서워요.
মুসয়োও

ভয় লাগে।
버위 라게

힘내세요.
হিম নেসেও

সাহস করেন।
사허스 꺼렌

놀라지 마세요.
নোল্লাজি মাসেও

অবাক হবেন না।
어밖 허벤 나

화내지 마세요.
হোয়ানাজি মাসেও

রাগ করবেন না।
락 껄벤 나

실망하지 마세요.
সিল্মাং হাজি মাসেও

হতাশ হবেন না।
허따스 허벤 나

포기하지 마세요.
ফোগি হাজি মাসেও

পরিত্যাগ করবেন না।
뻐리 땍 꺼르벤 나

최선을 다 하세요.
ছোইসন উল্ থা হাসেও

সর্বোচ্চ চেষ্টা করেন।
서르버쪼 쩨스타 꺼렌

우울해요.
উউল্হেও

বিষন্ন লাগে।
비선노 라게

기분이 안 좋아요.
গিবুনই আন্জোয়াও

মেজাজ ভালো না।
메잦 발로 나

기분이 좋아요.
গিবুনই জোয়াও

মেজাজ ভালো।
메잦 발로

전화
ফোন

여보세요.
ইওবোসেও

হ্যালো।
핼로

이 선생님 댁이 맞나요?
ই সন্‌সেংনিম্ তেগই মাজয়াও

জনাব লি সাহেবের বাসা?
저납 리 사헵에르 바샤

박 선생님 계세요?
পাক্ সন্‌সেংনিম্ গেসেও

জনাব পার্ক সাহেব আছেন কি?
저납 박 사헵 아첸 끼

이 교수님 바꿔 주세요.
ই গিওসুনিম্ বাক্কিও জুসেও

লি প্রফেসরকে ফোনটা দিন।
리 쁘로페서르께 폰타 딘

저는 러허만이에요.
জনুন রহমানইও

আমি রহমান।
아미 러허만

누구세요?
নুগুসেও

কে আপনি?
께 아쁘니

라나 씨가 여기 없어요.
রানাসিগা ইওগি অবসোও

রানা সাহেব এখানে নাই।
라나 사헵 에카네 나이

통화중이에요.
থোংহোয়া জুংইয়েও

ফোনে কথা বলছেন।
포네 꺼타 벌첸

잘못 걸었어요.
জাল্ মোৎ গরোসয়্ও

ভুল নম্বরে ফোন করেছেন।
불 넘버레 폰 꺼레첸

잘 안 들려요.
জাল্ আন্ দল্লিও

ভালো শোনা যায় না।
발로 소나 자이 나

크게 말하세요.
খুগে মাল্হাসেও

জোরে কথা বলেন।
조레 꺼타 벌렌

전화 왔어요.
জন্হোয়া ওয়াস্য়ও

ফোন কল এসেছে।
폰 껄 에세체

나중에 연락 드릴게요.
নাজুংয়ে ইয়ন্লাগ দুরিল্গেও

পরে যোগাযোগ করবো।
빠레 조가족 꺼르보

전화해 주셔서 감사합니다.
জন্হোয়া হে জুসসো গাম্সাহাব্নিদা

ফোন করেছেন এজন্য ধন্যবাদ।
폰 꺼레젠 에선노 던노바드

메시지 남길게요.
মেসেজি নাম্গিলগেও

ম্যাসেজ পাঠাবো।
매세즈 빠타보

무슨 일로 전화하셨어요?
মুসুন ইল্রো জন্হোয়া হাসোস্য়ও

কি জন্য ফোন করেছেন?
끼 전노 폰 꺼레첸

쇼핑
কেনাকাটা

쇼핑
কেনাকাটা

여기 근처에 시장이 있습니까?
ইয়োগি গুন্ছয়ে সিজাংই ইসুব্নুকা

এই এলাকায় বাজার আছে কি?
에이 엘라까에 바자르 아체 끼

뭐 찾으십니까?
মো ছাজোসিব্নিকা

কি খুজেছেন?
끼 쿠즈첸

저는 옷을 사고 싶어요.
জনুন্ ওসোল সাগো সিফোয়ও

আমি পোষাক কিন্তে চাই।
아미 뽀사끄 낀떼 짜이

이것은 어때요?
ইগসুউন্ অত্তেও

এটা কেমন লাগে?
에타 께먼 라께

얼마예요?
অল্মায়েও

দাম কত?
담 거떠

이만 원이에요.
ই মান অনইও

বিশ হাজার অন।
비스 하자르 원

좀 싸게 해 주세요.
জোম সাগে হে জুসেও

একটু সস্তায় দেন।
에끄투 셔스따에 덴

더 싼 것은 없어요?
দো চান্ গসুন অবসোয়ও

এর চেয়ে সস্তাটা নাই?
에르 쎄에 셔스따타 나이

오천 원짜리 있어요?
ও ছন্ অন চারি ইসয়োও

পাঁচ হাজার অন দামেরটা আছে?
빠쯔 하자르 원 다메르 타 아체

이것을 좀 바꿔주세요.
ই গসুল জোম বাক্কিও জুসেও

এটা দয়া করে পরিবর্তন করে দেন।
에타 더야 꺼레 빠리버르떤 꺼레 덴

너무 비싸요. 좀 깎아 주세요.
নমু বিচ্ছায়ও। জোম কাক্কা জুসেও

অনেক বেশী দাম। একটু ডিস্‌কাউন্ট করে দেন।
어네끄 베쉬 담담. 에끄투 디스가운트 꺼레 덴

이천 원 깎아 드릴게요.
ই ছন্‌অন্ কাক্কা দুরিলগেও

দুই হাজার অন ডিস্‌কাউন্ট করে দিব।
두이 하자르 원 디스까운트 꺼레 디버

오천 원 깎아 주세요.
ও ছন্ অন্ কাক্কা জুসেও

পাঁচ হাজার অন ডিস্‌কাউন্ট করে দেন।
빠쯔 하자르 원 디스가운트 꺼레 덴.

포장해 주세요.
ফোজাং হে জুসেও

র‍্যাপিং করে দেন।
내삥 꺼레 덴

인삼 한 통 사고 싶은데요.
ইন্ সাম্ হান্ থোং সাগো সিফ্‌উন্‌দেও

ইন্ সাম এক প্যাকেট কিন্‌তে মন চায়।
인삼 에끄 빼께트 낀떼 짜에

육 년산 있어요?
ইয়ুগ নিয়ন চারি ইসয়ও

ছয় বছরের টা আছে?
처이 버처레르 타 아체

한 통에 삼만 원이에요.
হান্ থোংয়ে সাম্ মান্ অনইয়েও

এক প্যাকেট ত্রিশ হাজার অন।
에끄 빠께이트 트리스 하자르 원

더 싼 것이 있어요?
দো সান গৎ ইস্য়ও

আরো সস্তাটা আছে কি?
아로 셔스따타 아체 끼

오 년근 보여 주세요.
ও নিয়ন গুন বোইও জুসেও

পাঁচ বছরের টা দেখান।
빠쯔 버처레르 타 데칸

한 통에 몇 개 들어 있어요?
হান থোংয়ে মিয়ছ্ গ্যা দুরঅ ইস্য়ও

এক প্যাকেটে কয়টা আছে?
에끄 빠께이트에 꺼이타 아체

이건 몇 년 근예요?
ই গন্ মিয়ৎ নিয়ন গুনইয়েও

এটা কত বছরেরটা?
에타 꺼떠 버처레르 타

여기 인삼차도 팔아요?
ইয়গি ইন্সাম ছাদো ফারায়ও

এখানে ইন্সাম চাও বেচেন কি?
에카네 인삼 짜오 베짼 끼

사과 어떻게 팔아요?
সাগোয়া অত্তগে ফারায়ও

আপেল কি ভাবে বেচেন?
아뻴 끼바베 베짼

네 개 천원이에요.
নে গে ছন্অন্ইয়েও

চারটা এক হাজার অন।
짜르타 에끄 하자르 원

이거 썩었어요.
ইগো সক্কোস্য়ও

এটা পচে গেছে।
에타 뻐쩨 게체

달아요?
দারায়ও

মিষ্টি হবে?
미스티 허베

여섯 개 주세요.
ইয়সোৎ গে জুসেও

ছয়টা দেন।
처이타 덴

파란 옷은 얼마예요?
ফারান ওসুন অলমায়েও

নীল পোষাক টা কত দাম?
닐 뽀샤크 타 꺼떠 담

더 좋은 거 없어요?
দঅ জোউন্ গঅ অব্সয়ও

আরো ভালোটা নাই?
아로 발로타 나이

다른 것 있어요?
তারোন গৎ ইসয়ও

অন্যটা আছে কি?
언노타 아체 끼

질이 좋아요?
জিরি জোয়ায়ও

কোয়ালিটি কি ভালো?
꼬알리티 끼 발로

사용방법을 알려 주세요.
সাইয়ং বাংবপ উল আল্লিয় জুসেও

ব্যবহারের নিয়ম জানিয়ে দিন।
배보하레르 니옴 자니에 딘

다 팔았습니다.
দা ফারাসসুবনিদা

সব বিক্রি করেছি।
섭 버끄리 꺼레치

오늘 우리 쇼핑하러 가요.
অনোল উরি সোপিং হারো গায়ও

আজ আমরা চলেন কেনা-কাটা করতে যাই।
아즈 암라 쩔렌 께나-까타 꺼르데 자이

지금 가요?
জিগুম গায়ও

এখন যাবো?
에컨 자보

응, 갈 준비해요.
উং, গাল্ জুন্বি হেও।

হ্যা, যাওয়ার জন্য তৈরী হন।
해, 자오아르 전노 뙤리 헌헌

좀 기다려 주세요.
জোম গাদারিয় জুসেও

দয়া করে একটু অপেক্ষা করেন ।
더야 꺼레 에끄투 오뻬카 꺼렌

거기에 가면 구경하고 사고 싶은 거 사고 와요.
গগিয়ে গামিয়ন গুগিয়ং হাগো সাগো সিফউন গো সাগো ওয়ায়ও

ওখানে গেলে যা করতে মন চায় করে যা কিন্‌তে মন চায় কিনে আসি চলেন।
오카네 겔레 자 꺼르떼 먼 짜에 꺼레 자 낀떼 먼 짜에 끼네 아시 쩔렌

돈 많이 들어요. 구경만 하고 와요.
দোন মানি দুরয়ও। গুগিয়ং মান হাগো ওয়ায়ও

টাকা অনেক খরচ হবে। শুধু ঘুরে দেখে আসি।
타까 어네끄 커러쯔 허베. 수두 구레 데케 아시

안 돼요. 난 당신에게 무엇이나 사 주고 싶어요.
আন্ দেও। নান্ দাংসিন এগে মুঅস্ইনা সা জুগো সিফয়ও

হবে না। আমি আপনাকে কিছু একটা কিনে দিতে মন চাই।
헤베나 아쁘나께 또마께 끼추 에끄타 끼네 띠떼 먼먼 짜이

당신의 마음을 알아요.
দাংসিনয়ে মাউম উল আরায়ও

আপনার মন আমি জানি।
아쁘나르 먼 아미 자니

그럼 빨리 준비해서 나가요.
গোরোম পাল্লি জুনবি হেসো নাগায়ও

তাহলে তাড়াতাড়ি তৈরী হয়ে বের হও।
따헐레 따라따리 뙤리 허에 베르 허오

화장 이렇게 해도 돼요?
হয়াজাং ইরোক্কে হেদো দেও

মেক আপ এভাবে করলে হবে?
메이크업 에바베 꺼르레 허베

화장 안 해도 예뻐요.
হোয়াজাং আন্হে দো এপ্পোয়ও

মেক আপ না করলেও সুন্দরী।
메이크업 나 꺼르레오 순더리

농담이죠?
নোংদাম ইজো

তামাশা করছেন?
따마사 꺼르첸

나에게 당신 제일 예뻐요.
না এগে দাংসিন জেইল এপ্পয়ও

আমার কাছে তুমি সবচেয়ে সুন্দরী।
아마르 까체 뚜미 섭쩨에 순더리

네 알겠어요. 늦었어요. 빨리 가요.
নে আলগেসয়ও। নুজোসয়ও। পাল্লি গাও

আচ্ছা বুঝেছি। দেরী হয়েছে। তাড়াতাড়ি যাই।
아차 부제치. 데리 허에체. 따라따리 자이

무슨 옷 색깔 좋아해요?
মুসুন ওৎ সেক্কাল জোয়াহেও

কি রংয়ের পোষাক পছন্দ করেন?
끼 렁에르 뽀샤크 뻐천더 꺼렌렌

분홍색이에요. 근데 왜요?
বুনহোং সেগইয়েও। গুন্দে ওয়েও

গোলাপী রং। কিন্তু কেন?
골라삐 렁. 낀뚜 께노

당신 뭐 좋아하는지 알고 사 주려고 해요.
দাংসিন মো জোয়াহানুনজি আল্গো সা জুরিয়গো হেও

আপনি কি পছন্দ করো তা জেনে কিনে দিতে মন চায় বলে।
아쁘니니 끼 뻐천더 거로 다 제네 끼네 디떼 먼 짜에 벌레

괜찮아요. 집에 옷 많아요.
গ্যানছানায়ও। জিবে ওৎ মানায়ও

অসুবিধা নাই। বাসায় পোষাক অনেক আছে।
어수비다 나이. 바사에 뽀샤크 어네끄 아체

한국 겨울이 추워요. 올 겨울에 입을 옷 사야지요.
হানগুগ গিয়উল ছুয়ও। ওল গিয়উলে ইবুল ওৎ সায়াজিও

কোরিয়ার শীত কাল খুব ঠান্ডা। এবার শীতে পরার পোষাক কিনতে হবে।
코리아르 시뜨 깔 쿱 탄다. 에바르 시떼 뻐라르 뽀샤크 낀떼 허베

하나만 사면 돼요.
হানা মান সামিয়ন দেও

শুধু একটা কিন্‌লে হবে।
수두 에끄타 낀레 허베

이 옷 어때요?
ই ওস্ অত্তেও

এই পোষাক টা কেমন?
에이 뽀샤크 타 께먼

그냥 그래요.
গিনিয়াং গিরেও

এমনি মোটামুটি।
엠니 모타무티

마음에 안 들어요? 그럼 다른 것 골라 봐요.
মাউমে আন্ দুরোয়ও? গোরম দারোন গৎ গোল্লা বোয়ায়ও

পছন্দ হয়নি? তাহলে অন্যটা বেছে নিন।
뻐천더 허이니? 따헐레 언노 타 베체 닌

이 옷이 좋아요.
ই ওস্ জোয়াও

এই পোষাক টা পছন্দ করি।
에이 뽀샤크 타 뻐천더 꺼리

괜찮네요. 한번 입어 봐요.
গ্যানছানায়ও। হান্বন্ ইবো বোয়াও

অসুবিধা নাই। একবার পরে ঔদ্ধভথ।
어수비다 나이. 에끄바르 뻐레 데켄켄

어때요? 좀 뚱뚱해 보이지 않아요?
অত্তেও? জোম তুংতুংহে বোয়িজি আনায়ও

কেমন লাগছে? একটু মোটা দেখাচ্ছে না?
아께먼 락체? 에끄투 모타 데카체 나

이 옷 사요. 당신한테 어울려요.
ই ওৎ সায়ও। দাংসিন হান্তে অউল্লিও

এই পোষাক টা ঔদ্ধভথ। তোমাকে মানিয়েছে।
에이 뽀샤크 타 끼넨. 또마께 마니에체

마음에 들어요. 예쁘게 입을게요.
মাউমে দুরোয়ও। এপ্পোগে ইব্উল্গেও

পছন্দ হয়েছে। সুন্দর ভাবে পরবো।
뻐천더 허에체. 순더르 바베 뻐르보

마음에 든다니 나도 기분이 좋아요.
মাউমে দুন্দানি নাদো গিবুন জোয়ায়ও

পছন্দ হয়েছে এজন্য আমারও মন ভালো লাগছে।
뻐천더 허에체 에전노 아마르오 먼 발로 락체

가격과 흥정
মূল্য ও দর কষাকষি

이거 얼마예요?
ইগো অলমায়েও

এটার দাম কত?
에타르 담 꺼떠

10 달러예요.
সিব ডালারইয়েও

১০ ডলার।
더스 덜라르

너무 비싸요.
নমো বিচ্ছায়ও

অনেক দাম।
어네끄 담

깎아 주세요.
কাক্কা জুসেও

ডিসকাউন্ট করে দেন।
디스까운트 꺼레 덴

돈이 모자라요.
দোনই মোজারায়ও

টাকা কম আছে।
타까 껌 아체

거스름돈 주세요.
গস্রোম দোন্ জুসেও

খুচরা পয়সা দেন।
쿠쯔라 뻐이샤 덴

잔돈 잘못 주셨어요.
জান্ দোন্ জালমোত জুসোস্য়ও

খুচরা পয়সা ভুল দিয়েছেন।
쿠쯔라 뻐이샤 불 디에첸

영수증 주세요.
ইয়ংসুজুং জুসেও

রশিদ দেন।
러시드 덴

계산하세요.
গেসান হাসেও

দাম হিসাব করে দেন।
담 히샵 꺼레 덴

식사&외식

খাবার & বাইরে খাওয়া

식사
খাবার

우리 밥 먹어요.
আমরা বাব মগোয়ও

ভাত খাওয়া যাক।
바뜨 카오아 자끄

배가 많이 고프죠?
বেগা মানি গোফোজো

পেটে অনেক ক্ষুধা তাই না?
뻬테 어네끄 쿠다 따이 나

오늘 뭐 줘요?
অনোল মো জোয়াও

আজ কি পছন্দ?
아즈 끼 뻐천더

당신이 좋아하는 된장찌개 만들었어요.
দাংসিনই জোয়াহানুন দেন্জাং চিগে মান্দুরোসয়ও

তোমার পছন্দের দেন্জাং চিগে তৈরী করেছি।
또마르 뻐천데르 된장 찌개 또리 꺼레치

여보, 고마워요. 와! 맛있겠다.
ইয়োবো, গোমায়ও, ওয়া! মাসিগেত্তা

ওগো, ধন্যবাদ, ওয়া! মজাদার।
오고, 던노바드, 와! 머자다르

많이 드세요
মানি দুসেও

অনেক খাও।
어네끄 카오

당신도 많이 드세요.
দাংসিনদো মানি দুসেও

তুমিও অনেক খাও।
뚜미오 어네끄 카오

잘 먹겠습니다.
জাল মগ্গেসুপনিদা

ভালো খাবো।
발로 카보

맛있게 만들었네요.
মাসিগ্গে মানদুরোন্নেও

মজা করে তৈরী করেছো।
머자 꺼레 뙤리 꺼레초

진짜예요? / 그래요?
জিন্চায়ও / গুরেও

সত্যি বলছো? / তাই নাকি?
서띠 벌초 / 따이 나끼

정말이에요. / 진짜예요.
জংমালইয়েও / জিনচায়েও

সত্যি বলছো ।
서띠 벌초

당신 요리 솜씨가 참 대단해요.
দাংসিন ইউরি সোমসিগা ছাম দে দান হেও

তোমার রান্নার হাত খুব চমৎকার।
또마르 란나르 하뜨 쿱 쩌머뜨까르

방글라데시 음식 뭐 좋아하세요?
বাংলাদেশী উমসিক মো জোয়া হাসেও

বাংলাদেশী খাবার কি পছন্দ করো?
방글라데시 카바르 끼 뻐천더 꺼로

카레 좋아해요.
খারে জোয়াহেও

মশলা দিয়ে তৈরী খাবার পছন্দ করি।
머슬라 디에 떠이리 카바르 뻐천더 꺼리

나중에 만들어 줄게요.
নাজুংয়ে মানদোরো জুলগেও

পরে তৈরী করে দিব।
뻐레 떠이리 꺼레 디보

그래요, 시간이 있으면 시장에 같이 가요.
গোরেও, সিগান্ই ইস্ওমিয়ন্ সিজাংয়ে গাচ্ছি গায়ও

ঠিক আছে, সময় থাকলে একসাথে বাজারে যেও।
티끄아체, 서머이 타끌레 에끄 샤테 바자레 제오

좋아요.
জোয়াও

ভালো।
발로

필요한 것 있으면 얘기해요.
ফিরোহান গোৎ ইছোমিয়ন ইয়াগিহেও

দরকারী কিছু থাকলে বলো।
더르까리 끼추 타끄레 벌로

네, 알겠어요.
নে, আলগেস্ নিদা

হ্যা বুজেছি।
해, 부제치

빨리 먹어요. 다 식었어요.
পালিঁ মোগও। থা সিগোসয়ও

তাড়াতাড়ি খাও। সব ঠান্ডা হয়ে গেছে।
따라따리 카오. 섭 탄다 허에 게체

오늘, 설거지 좀 해 주세요.
অনোল, সলগোজি জোম হে জুসেও

আজ, থালা বাটি দয়া করে পরিস্কার করো।
아즈, 탈라 바티 더야 꺼레 뻐리스까르 꺼로

우리 같이 해요.
উরি গাচ্ছি হেও

আমরা একসাথে করি।
암라 에끄 샤테 꺼리

그래도 좋아요.
গোরেদো জোয়ায়ও

তাহলেও ভালো।
따 헐레오 발로

더 먹어요. 당신 많이 말랐어요.
দো মোগোয়ও. দাংসিন মানি মালস্তাস্য়ও

আরো খাও।তুমি অনেক শুকিয়েছো।
아로 카오. 뚜미 어네끄 수키에초

네, 많이 먹을게요.
নে, মানি মোগুলগেও

হ্যা, বেশী করে খাবো।
해, 베시 꺼레 카보

맛있게 먹었어요?
মাসিগ্গে মগোস্য়ও

মজা করে খেয়েছেন?
머자 꺼레 케에첸

여보, 고마워요. 잘 먹었어요.
ইয়োবো, গোমায়ও। জাল মগোস্য়ও

ওগো, ধন্যবাদ। ভালো খেয়েছি।
오고, 던노바드. 발로 케에치

맛있는 거 많이 만들어 줄게요.
মাসিনুন্ গো মানি মান্দোরো জুলগেও

মজার খাবার অনেক তৈরী করে দিবো।
머자르 카바르 어네끄 떠이리 꺼레 디보

외식
বাইরে খাওয়া

오늘 외식하러 가요.
অনোল ওইসিক হারো গায়ও

চলো আজ বাইরে খেতে যাই।
쫄로 아즈 바이레 케떼 자이

네, 좋아요.
নে, জোয়ায়ও

হ্যা, ভালোই হয়।
해, 발로이 허이

무엇을 먹고 싶어요?
মুয়োস উল মগ্গো সিফোয়ও

কি খেতে মন চায়?
끼 케떼 먼 짜이

아무거나 다 좋아요.
আমুগনা দা জোয়ায়ও

যে কোনটাই পছন্দ করি।
제 꺼노타이 빠천더 꺼리

삼계탕을 주문할게요.
সামগেথাং উল জুমুন হালগেও

সামগেথাং অর্ডার করবো।
삼게탕 어르다르 껄보

매워요?
মেয়োয়ও

ঝাল?
잘

안 매워요.
আন্ মেয়োয়ও

ঝাল না।.
잘 나

그 음식을 먹을 수 있어요.
গু উমসিক উল মগুলসু ইছয়ও

ঐ খাবার খেতে পারবো।
오이 카바르 케떼 빠르보

한잔 같이 할까요? (소주 같이 먹을까요?)
হান্জান্ গাচ্চি হাল্ কায়ও (সোজু গাচ্চি মগুলকায়ও)

একই সাথে মদ পান করবো?
애끼 샤테 머드 빤 꺼르보

술을 못 먹어요.
সুল উল মোৎ মোগোয়ও

মদ পান করতে পারি না।
머드 빤 꺼르떼 빠리나.

나 혼자 먹어도 돼요?
না হোনজা মোগোদো দেও

আমি একা পান করতে পারি কি?
아미 에까 빤 꺼르떼 빠리 끼

조금만이에요.
জোগোম মানইয়েও

অল্প পরিমান মাত্র।
얼뽀 뻐리만 마뜨러

저기요, 여기 주문 받으세요.
জোগিও, ইয়োগি জুমুন বাদোসেও

হ্যালো, এখানে অর্ডার গ্রহন করুন।
핼로, 에카네 어르다르 그러헌 꺼룬

뭐 드시겠어요?
মো দুসিগেসয়ও

কি খাবেন?
끼 카벤

삼계탕 두 개 하고 소주 한 병 주세요.
সামগিয়েথাং দুগে হাগো সোজু হান্ বিয়ং জুসেও

আস্ত মুরগির সুপ দুইটা দেন এবং কোরিয়ান মদ এক বোতল দেন।
아스떠 무르기르 수쁘 두이타 덴 에벙 코리안 머드 에끄 보떨 덴

삼계탕 나왔어요. 뜨거우니까 조심하세요.
সামগিয়েথাং না ওয়াসয়ও। তুগউনিকা জোসিমহাসেও

সামগিয়েথাং হয়ে গেছে। গরম বলে সাবধানে করেন।
삼계탕 허에 게체. 거럼 벌레 샵다네 꺼렌

맛있게 드세요.
মাসিইগ্গে দুসেও

মজা করে খান।
머자 꺼레 칸

감사합니다.
গামসাহাবনিদা

ধন্যবাদ।
던노바드

맛있어요?
মাসি ইসোয়ও

মজা হয়েছে?
머자 허에체

네 , 맛있어요.
নে, মাসি ইসোয়ও

হ্যা, মজা হয়েছে।
해 머자 허에체

더 먹어요.
দো মগোয়ও

আরো খান।
아로 칸

배불러요. 더 먹을 수 없어요.
বে বুল্লোয়ও। দো মগউলসু অবসোয়ও

পেট ভরা। আরো খাওয়া যাবে না।
뻬트 버라. 아로 카오아 자베나

더 맛있는 거 많이 사 줄게요.
দো মাসিইন্নুন গো মানি সা জুলগেও

আরো মজার টা কিনে দিবো।
아로 머자르 타 끼네 디보

고마워요. 근데 돈이 많이 들어요.
গোমায়ও। গোন্দে দোনি মানি দুরোয়ও

ধন্যবাদ। কিন্তু টাকা অনেক খরচ হবে।
던노바드. 낀뚜 타까 어네끄 커러쯔 허베

걱정하지 마세요. 먹고 싶은 거만 얘기해요.
গোগ্জং হাজি মাসেও। মোগ্গো সিফ্উন গমান ইয়াগি হেও

দুশ্চিন্তা করবে না। যেটা খেতে মন চায় শুধু বলবে।
두스찐따 꺼르베나. 제타 케떼 먼 짜이 수두 벌베

계산해 주세요.
গেসান হে জুসেও

বিল হিসাব করে দেন।
빌 히삽 꺼레 덴

맛있게 드셨어요?
মাসিইগ্গে দুসোসয়ও

মজা করে খেয়েছেন?
머자 꺼레 케에첸

네, 맛있었어요.
নে, মাসি ইসোসয়ও

হ্যা, মজা হয়েছে।
해 머자 허에체

다음에 또 오세요.
দাউমে তো ওসেও

পরে আরো আসেন।
빠레 아로 아센

네, 수고하세요.
নে, সুগোহাসেও।

হ্যা, কষ্ট করেন।
해 꺼스터 꺼렌

안녕히 가세요.
আন্নিয়ংহি গাসেও

শুভ বিদায়।
수버 비다이

병원
হাসপাতাল

질병과 치료
রোগ এবং চিকিৎসা

피곤해 보여요.
ফিগোনহে বোইয়ও

ক্লান্ত দেখা যায়।
끌란떠 데카 자이

네. 좀 피곤해요.
নে, জোম ফিগোন হেও

হ্যা, একটু ক্লান্ত।
해, 에끄투 끌란떠

왜요? (뭐 때문이에요?)
ওয়েও (মো তেমুনিয়েও)

কেন? (কি জন্য?)
께노 (끼 전노)

저는 삼일 전에 감기에 걸렸어요.
জনুন সাম ইল জনে গাম্গিয়ে গল্লিয়সয়ও

তিন দিন আগে আমার কাশি হয়েছে।
띤 딘 아게 아므르 감기 허에체

약을 먹었어요?
ইয়াক উল মগোসয়ও

ওষুধ খেয়েছেন?
오수드 케에첸

약을 먹었는데 아직 안 나았어요.
ইয়াক উল মগোস্নুন্দে আজিক আন্ নাসয়ও

ওষুধ খেয়েছি কিন্তু এখনো ভালো হয়নি।
오수드 케에치 낀뚜 에커노 발로 허이니

병원에 가 보세요.
বিয়ংঅনে গা বোসেও

হাসপাতালে যেয়ে দেখেন।
하스빠딸레 제에 데켄

그래야 되겠어요.
গেরেয়া দেগেস্য়ও

তাই করতে হবে।
따이 꺼르떼 허베

저는 진찰을 받았어요.
জনুন জিন্ছাল উল বাদাস্য়ও

আমি চিকিৎসকের পরীক্ষা গ্রহন করেছি।
아미 찌낏서께르 뻐리카 그러헌 꺼레치

머리가 아파요.
মরিগা আপায়ও

মাথা ব্যাথা।
마타 배타

두통약을 사서 드세요.
দুথোং ইয়াকউল্ সাসো দুসেও

মাথা ব্যাথার ওষুধ কিনে খান।
마타 배타르 오수드 끼네 카오

등이 아파요.
দুংই আফায়ও

পিঠ ব্যাথা।
삐트

등이 아프면 무거운 거 들지 마세요.
দুংই আফুমিয়ন মুগউন গ দুল্‌জি মাসেও

পিঠ ব্যাথা হলে ভারী জিনিষ তুলবেন না।
삐뜨 배타 헬레 바리 지니쉬 뚤벤 나

주사를 놔 주세요.
জুসারুল নোয়া জুসেও

ইনজেকশন পুশ করেন।
인제끄션 뿌스 꺼로

며칠 동안 쉬어야 해요.
মিয়ছিল্‌ দোংয়ান সুইয়য়া হেও

কয়েক দিন বিশ্রাম নিতে হবে।
꺼에끄딘 비스람 니떼 허베

관심 가져 주셔서 감사합니다.
গোয়ানসিম গাজিয় জুসসো গামসাহাপনিদা

মনোযোগ দেখিয়েছেন বলে ধন্যবাদ।
머노족 데키에첸 벌레 던노받

저는 약국에 가요.
জনুন ইয়াক গুগে গায়ও

আমি ওষুধের দোকানে যাই।
아미 오슈데르 도까네 자이

어디 아파요?
অদি আফাও

কোথায় ব্যাথা?
꼬타이 배타

네, 감기에 걸렸어요. 감기약을 사려고요.
নে, গামগিয়ে গল্লিয়স্য়ও ।গামগি ইয়াক উল সারিয়গোও

হ্যা, কাশি হয়েছে। কাশির ওষুধ কিনবো।
해, 까시 허에체. 가시르 오숟 낀보

증상이 어때요?
জুংসাংয়ি অত্তেও

লক্ষণ গুলো কেমন?
너컨 굴로 께먼

기침하고 열이 나고 머리도 아파요.
গিছিম হাগো ইয়লই নাগো মরিদো আফায়ও

কাশি হচ্ছে জ্বরও আছে মাথাও ব্যাথা।
까시 허체 저르오 아체 마타오 배타

이 약을 드세요.
ই ইয়াক উণ দুসেও

এই ওষুধ খান।
에이 오숟 칸

약을 어떻게 먹어요?
ইয়াক উল অত্তগে মগোয়ও

ওষুধ কি ভাবে খাবো?
오숟 끼 바베 카보

하루에 세 번 드세요.
হারুয়ে সে বন দুসেও

দিনে তিন বার খাবেন।
디네 띤 바르 카벤

식후 30분에 드셔야 해요.
সিগ হু ৩০ বুনে দুসোয়া হেও

খাওয়ার ৩০ মিনিট পর খেতে হবে।
카오아르 30(띠리스) 미니트 빠르 케떼 허베

신체
শরীর

키가 얼마예요?
খি গা অল্মায়েও

উচ্চতা কত?
우쩌따 꺼떠

백 육십이에요.
বেগ ইউগ সিব ইয়েও

এক শত ষাট।
에끄서떠 샤트

몸무게는 얼마예요?
মোম মুগে নুন্ অল্মায়েও

শরীরের ওজন কত?
서리레르 오전 꺼떠

사십 킬로예요.
সা সিব কিলোয়েও

চল্লিশ কেজি।
쩔리스 께지

너무 말랐어요.
নমো মাল্লাস্য়ও

অনেক শুকনা।
오네끄 수끄나

방글라데시에 마른 사람이 많아요.
বাংলাদেশী মাল্লান সারাম মানায়ও

বাংলাদেশে শুকানো মানুষ অনেক।
방글라데세 수까노 마누쉬 어네끄

요즘 많이 먹어서 살이 쪘어요.
ইউজুম মানি মগোসো সালই চস্‌য়ও

আজ কাল বেশী খেয়ে একটু মোটা হয়েছি।
아즈 깔 베시 케에 에끄투 모타 허에치

잘못 먹어서 살이 빠졌어요.
ঝাল মোৎ মগোসো সালই পাজোসয়ও

ভালো খেতে পারিনি এজন্য শুকিয়ে গিয়েছি।
발로 케떼 빠리니 에저노 수끼에 기에치

혈액형이 뭐예요?
হিয়রেগ হিয়ংই মোয়েও

রক্তের গ্রুপ কি?
러끄떼르 그러쁘 끼

진료
চিকিৎসা

어떻게 오셨어요?
অত্তগে ওসোস্য়ও

কি ভাবে এসেছেন?
끼 바베 에세첸

저는 삼주 전에 배가 아팠어요.
জনুন সাম জু জনে বেগা আফাস্য়ও

তিন সপ্তাহ আগে আমার পেট ব্যাথা হয়েছিল।
띤 서쁘땋 아게 아마르 빼트 배타 허에칠로

접수하고 오세요.
জপসু হাগো ওসেও

তালিকায় নাম লিখায়ে আসেন।
딸리까에 남 리카에 아센

접수해 주세요.
জপসু হে জুসেও

তালিকায় নাম লিখে রাখুন।
딸리까에 남 리케 라쿤

내과에 가 보세요.
নেগোয়ায়ে গা বোসেও

ইনটারনাল বিভাগে যান।
인터널 비바게 잔

검사해 주세요.
গম্সা হে জুসেও

টেষ্ট করে দেন।
텟트 꺼레 덴

잠깐 앉아서 기다려 주세요.
জাম্কান আন্জাসো গিদারিয় জুসেও

একটু বসে অপেক্ষা করেন।
에끄투 버세 어뻬카 꺼렌

제 증상이 어떤가요? 많이 안 좋은가요?
জে জুংসাংই অত্তন্গায়ও? মানি আন জোউন গায়ও

আমার অবস্থা কেমন? বেশী খারাপ কিনা?
아마르 어벗타 께먼? 베시 카랍 끼나

병이 심하지 않지만 조심해야 합니다.
বিয়ংই সিম্হাজি আন্জি মান্ জোমিম হেয়া হাব্নিদা

অসুখ তেমন ভয়ানক নয় তবে সাবধান হতে হবে।
어수끄 떼먼 버야 너끄 너이 떠베 삽단 허떼 허베

어떻게 치료를 해요?
অত্তগে ছিরিউরুল হেও

কি ভাবে চিকিৎসা করবেন?
끼 바베 찌낏사 꺼르벤

치료를 안 받아도 돼요.
ছিরিউরুল আন্ বাদাদো দেও

চিকিৎসা না নিলেও চলবে।
찌낏사 나 닐레오 쩔베

그럼 엑스레이를 찍어야 되나요?
গোরম এক্সরে রুল চিগোয়া দেনায়ও

তাহলে এক্সরে করতে হবে কিনা?
따헐레 액스레이 꺼르떼 허베 끼나

이 약을 드시고 지켜보세요.
ই ইয়াকউল দুসিগো জিখিয় বোসেও

এই ওষুধ খেয়ে দেখেন কি হয়।
에이 오숟 케에 데켄 끼 허이

산부인과
গাইনী বিভাগ

여보, 나 몸이 좀 안 좋은 것 같아요.
ইয়োবো, না মোমই জোম আন্ জোউন্ গৎ গাত্তায়ও

ওগো, আমার শরীরটা একটু খারাপ মনে হয়।
오고, 아마르 서리르타 에끄투 카라쁘 머네 허이

언제부터 그랬어요?
অনজে বুথো গেরেসয়ও

কবে থেকে অমন হয়েছে?
꺼베 테께 어먼 허에체

며칠 됐어요.
মিয়ছিল্ দেসয়ও

এইতো কয়েক দিন হলো।
에이또 꺼에끄 딘 헐로

생리기간이라서 그런가?
স্যাংনি গিগান ইরাসো গরন্গা

মাসিকের সময় সেজন্য অমন হচ্ছে কিনা?
마시께르 서머이 세 전노 어먼 허체 끼나

생리 예정일이 좀 지났어요.
স্যাংনি ইয়েজং ইলই জোম জিনাসয়ও

মাসিকের সময় পার হয়ে গিয়েছে।
마시께르 서머이 빠르 허에 기에체

설마 임신한 거 아니에요?
সল্মা হান্ গো আনিয়েও

সম্ভাবত গর্ভবতী হয়েছো কিনা?
섬바버떠 거르버버띠 허에초 끼나

그런 것 같아요.
গোরন্ গৎ গাথ্য়াও

সেই রকম মনে হচ্ছে।
세이 러껌 머네 허체

임신 테스트 해 봤어요?
ইম্সিন্ টেষ্ট হে বোয়সয়ও

গর্ভবতীর পরীক্ষা করেছেন?
거르버버띠르 뻐리카 꺼레첸

아직은요.
আজিক উন্ইয়ো

এখনো করিনি।
에커노 꺼리니

지금 산부인과에 같이 가 봐요.
জিগুম সানবু ইন্গোয়ায়ে গাথ্চি গা বোয়াও

এখন স্ত্রীরোগ ও ধাত্রী বিদ্যা বিশেষজ্ঞের কাছে এক সাথে চলো যাই।
에컨 쓰띠리 록 오 다뜨리 비드다 비세서게르 까체 에끄사테 쫄로 자이

어떻게 오셨어요?
অত্তহ্গে ওসোস্য়ও

কি উপলক্ষে এসেছেন?
끼 우뻘러케 에세첸

제 아내 임신했는지 검사해 주세요.
জে আনে ইম্‌সিন হেস্‌নুন্‌জি গম্‌সাহে জুসেও

আমার স্ত্রী গর্ভবতী কিনা পরীক্ষা করে দেন।
아마르 쓰디리 거르버버띠 끼나 뻐리카 꺼레 덴

축하해요. 사모님 임신하셨어요.
ছুগ্‌হাহেও। সামোনিম্‌ ইম্‌সিন্‌ হাসোস্‌য়ও

অভিনন্দন। ম্যাডাম গর্ভবতী হয়েছেন।
어비넌던. 마담 거르버버띠 허에첸

정말이에요? 나 아버지가 됐어요. 믿기지 않네요.
জংমালইয়েও? না আবজিগা তেস্‌য়ও। মিদোজিজি আন্‌নেও

সত্যি বলছেন? আমি বাবা হয়েছি। বিশ্বাস হতে চায় না।
서띠 벌첸? 아미 바바 허에치. 비샤스 허떼 짜이 나

임신하신 지 2주 됐어요.
ইম্‌সিন্‌ হাসিন্‌ জি ২(ই) জু দেস্‌য়ও

২ সপ্তাহ হলো গর্ভবতী হয়েছেন।
2(두이) 서쁘땋 헐로 거르버버띠 허에첸

여보, 임신 2주 됐어요.
ইয়োবো, ইম্‌সিন ২(ই) জু দেস্‌য়ও

ওগো, ২ সপ্তাহ হলো গর্ভবতী হয়েছো।
오고, 2 (두이) 서쁘따 헐로 거르버버띠 허에초

정말이에요? 정말 행복해요.
জংমালইয়েও? জংমাল হেংবোক হেও

সত্যি বলছো? আমি অনেক সুখী।
서띠 벌초? 아미 어네끄 수키

오늘부터 무거운 물건, 짐을 절대 들지 마요.
অনোল বুথো মুগউন্ মুলগন, জিম জল্‌দে দুলদি মায়ও

আজ থেকে ভারী জিনিষ পত্র কোন অবস্থায়ই তুলবে না।
아즈 테께 바리 지니스 뻐뜨러 꼬노 어버쓰타이 뚤벤 나

의사 선생님이 뭐라고 하셨어요?
উইসা সনসেংনিমই মরাগো হাসোস্‌য়ও

চিকিৎসক সাহেব কি বলেছেন?
찌낏숵 사헵 끼 벌레첸

약을 함부로 먹지 않아야 해요.
ইয়াক উল হাম্‌বুরো মগ্‌জি মারায়া হেও

ওষুধ অসাবধান ভাবে খাওয়া যাবে না বলেছেন।
오숟 어삽단 바베 카오아 자베 나 벌레첸

나도 알아요.
নাদো আরায়ও

আমিও জানি।
에미오 자니

의사 선생님이 철분, 칼슘, 영양제를 많이 먹어야 한대요.
উইসা সন্সেংনিমই ছল্বুন, ক্যালসিয়াম, ইয়ংইয়াংজে রুল মানি মগোয়া হান্দেও

চিকিৎসক সাহেব আয়রণ, ক্যালসিয়াম ও পুষ্টিকর খাবার বেশী খেতে বলেছেন।
찌낏셖 사헵 아의런, 깰시암 오 뿌스티꺼르 카바르 베시 케떼 벌레첸

우리 아기 위해 많이 먹을게요.
উরি আগি উইহে মানি মগ্উল্গেও

আমাদের বাচ্চার জন্য বেশী খাব।
아마데르 바짜르 전노 베시 카보

응, 먹고 싶은 거 많이 사 줄게요.
উং, মগ্গো সিফ্উন গো মানি্ সা জুল্গেও

হ্যা, যা খেতে চাও অনেক কিনে দিবো।
하, 자 케떼 짜오 어네끄 끼네 디보

여보, 고마워요.
ইয়োবো, গোমাওয়ও

ওগো, ধন্যবাদ।
오고, 던노받

오히려 내가 고마워 해야지요.
অহিরিয় নেগা গোমাও হেয়াজিও

উপরন্ত আমাকে ধন্যবাদ বলতে হবে।
우뻐런떠 아마께 던노받 벌떼 허베

집에 가서 엄마한테 전화해요.
জিবে গাসো অম্মা হান্থে জন্হোয়া হেও

বাসায় গিয়ে মাকে ফোন করেন।
바사에 기에 마께 폰 꺼렌

응, 어머니, 아버지 온 가족 다 기뻐하시겠어요.
উং- অমোনি- আবজি ওন গাজোগ দা গিপ্পোহাসিগেস্য়ও

হ্যা, মা, বাবা পরিবারের সবাই খুশী হবেন।
하 – 마 – 바바 뻐리바레르 서바이 쿠쉬 허벤

언제 병원에 또 와요?
অন্জে বিয়ংঅন্য়ে তো ওয়ায়ও

কবে হাসপাতালে আবার আসবেন?
꺼베 하스빠딸레 아바르 아스벤

당신 건강하고 우리 아기가 잘 자라면 한 달 후에 병원에 다시 와요.
দাংসিন গনগাং হাগো উরি আগিগা জাল জারামিয়ন হান দাল হুয়ে বিয়ংঅন্য়ে দাসি ওয়ায়ও

তুমি সুস্থ্য থেকে আমাদের বাচ্চা ঠিকমত বাড়তে থাকলে একমাস পরে আবার হাসপাতালে আসবো।
뚜미 수스터 테께 아마데르 바짜 티끄머떠 바르떼 타끄레 에끄마스 뻐레 아바르 하스빠딸레 아스보

길찾기
পথ খোজা

실례하지만 말씀 좀 묻겠습니다.
সিল্লে হাজিমান মাল্সুম জোম্ মুদ্গেস্নিদা

কিছু মনে করবেন না একটা কথা জিজ্ঞাসা করবো।
끼추 머네 꺼르벤 나 에끄타 꺼타 직가사 꺼르보

화장실이 어디에요?
হোয়াজাংসিল্ই ওদিয়েও

টয়েলেট কোথায়?
토엘레트 꼬타에

저기에 있어요.
জগিয়ে ইছয়ও

ওখানে আছে।
오카네 아체

화장실은 밖에 있어요.
হোয়াজাংসিল্ উন বাগ্গে ইছয়ও

টয়েলেট বাইরে আছে।
토엘레트 바이레 아체

여기서 멀어요?
ইয়গিসো মরোয়ও

এখান থেকে দুরে?
에칸 테께 두레

걸어서 약 5분입니다.
গরোসো ইয়াগ ৫ (ও) বুন্ইপনিদা

পায়ে হেটে ৫ মিনিটের মত লাগবে।
빠에 헤테 빠쯔 미니테르 머떠 락베

여기가 어디죠?
ইয়গিগা ওদিজো

এই জায়গাটা কোথায়?
에이 자이가타 꼬타이

길을 잃어 버렸어요.
গিল্ উল্ ইরো বরিয়সয়ও

রাস্তা হারিয়ে ফেলেছি।
라스따 하리에 펠레치

이 지방을 잘 아세요?
ই জিবাং উল্ জাল্ আসেও

এই গ্রাম ভালো চিনেন?
에이 그람 발로 찌넨

여기서 거기에 어떻게 가요?
ইয়গিসো গোগিয়ে অত্তগে গায়ও

এখান থেকে ওখানে কিভাবে যায়?
에칸 테께 오카네 끼바베 자에

버스를 타고 가세요.
বসরুল থাগো গাসেও

বাসে চড়ে যান।
바세 쩌레 잔

몇 번 버스를 타면 돼요?
মিয়ছ্ বন বসরুল থামিয়ন দেও

কত নম্বর বাসে চড়লে হবে?
꺼떠 넘버르 바세 쩌를레 허베

100번 버스를 타면 돼요.
১০০ (বেগ) বন বসরুল থামিয়ন দেও

১০০ নম্বর বাসে চড়লে হবে।
100 (에끄소) 넘버르 바세 쩌를레 허베

가장 가까운 병원이 어딘지 말씀해 주세요.
গাজাং গাক্কাউন বিয়ংঅনই ওদিন্জি মালচুমহে জুসেও

সবচেয়ে কাছের হাসপাতাল কোথায় বলে দেন।
섭쩨에 까체르 하스빠달 꼬타이 벌레 덴

시청으로 가는 길을 좀 가르쳐 주세요.
সিছংওরো গানুন গিল জোম্ গারোছো জুসেও

সিটি হল যাওয়ার রাস্তা দয়া করে দেখিয়ে দিন।
시티 헐 자오아르 랐따 더야 꺼레 데키에 딘

이 근처에 시장이 있어요?
ই গুন্ছোয়ে সিজাং ইছয়ও

এই এলাকায় বাজার আছে কি?
에이 엘라까에 바자르 아체 끼

시장에 가고 싶어요.
সিজাংয়ে গাগো সিফোয়ও

বাজারে যেতে চাই।
바자레 제떼 짜이

시장에 어떻게 가요?
সিজাংয়ে অত্তোগে গায়ও

বাজারে কিভাবে যায়?
바자레 끼바베 자이

이 길로 똑바로 가세요.
ই গিল্রো তোগ্বারো গাসেও

এই পথে সোজা যান।
에이 뻐테 소자 잔

모퉁이에서 우회전하세요.
মোথুংইয়েসো উহোইজন হাসেও

কর্নার থেকে ডাইনে যান।
꺼르나르 테께 다이네 잔

시장은 우체국 건너편에 있어요.
সিজাং উন উছেগুগ গন্নোফিয়নয়ে ইছয়ও

বাজার পোষ্ট অফিসের অপোজিটে আছে।
바자르 뽀스터 어피세르 어뻐지테 아체

저랑 함께 가시죠?
জরাং হাম্গে গাসিজো

আমার সাথে একসাথে যাবেন?
아마르 샤테 에끄샤테 자벤

지하철역으로 가는 길을 가르쳐 주세요.
জিহাছল্ ইয়োগোরো গানুন গিল উল গারোছো জুসেও

পাতাল ট্রেন ষ্টেশনের পথে যাওয়ার রাস্তা দেখিয়ে দিন।
빠딸 뜰인 스테셔네르 뻐테 자오아르 랏따 데키에 딘

서울 두 장 주세요.
সউল দুজাং জুসেও

সিউলে যাওয়ার টিকেট দুইটা দেন।
서울 자오아르 티께트 두이타 덴

어디서 타요?
অদিসো থায়ও

কোথা থেকে চড়ে?
꼬타 테께 쩌레

그곳에 지하철로 갈 수 있어요?
গু গোসে জিহাছল্‌রো গাল সু ইসয়ও

ওখানে পাতাল ট্রেনে যাওয়া যায়?
오카네 빠딸 트레네 자오아 자이

지하철로 가도 되고 택시로 가도 돼요.
জিহাছল্‌রো গাদো দেগো ট্যাক্সিরো গাদো দেও

পাতাল ট্রেনে গেলেও হবে ট্যাক্সিতে গেলেও হবে।
빠딸 트레네 겔레오 허베 택시떼 겔레오 허베

중간에 안 갈아 타도 되죠?
জুংগানে আন গারা থাদো দেজো

মাঝ পথে ট্রেন পরিবর্তন না করলে হবে তো?
맞 뻐테 트렌 뻐리버르떤 나 꺼를레 허베또

택시를 탈 때 목적지만 말하면 됩니다.

টেক্সি চড়ার সময় গন্তব্যের জায়গার নাম বললে হবে

배재 시장에 가 주세요.
বেজে সিজাংয়ে গা জুসেও

বেজে বাজারে পৌছিয়ে দিন।
베제 바자레 뽀차에 딘

다 왔어요.
দা ওয়াস্য়ও

এসেছি।
에세치

여기서 내려 주세요.
ইয়গিসো নেরিয় জুসেও

এখানে নামিয়ে দিন।
에카네 나미에 딘

안녕히 가세요.
আন্নিয়ংহি গাসেও

শুভ বিদায়।
수버 비다이

감사합니다. 수고하세요.
গাম্সাহাব্নিদা। সুগোহাসেও

ধন্যবাদ। কষ্ট করেন।
던노바드. 꺼스떠 꺼렌

IV

부록
পরিশিষ্ট

결혼이주자를 위한 정보

বিবাহিত অভিবাসীদের জন্য তথ্য

한국 생활을 빠른 시일에 적응할 수 있도록 최선의 노력을 다한다

কোরিয়ার জীবন যাপনে দ্রুত খাপ খাওয়ানোর জন্য নিজের সর্বোচ্চ চেষ্টা থাকা

– 한국어를 빨리 배운다.

কোরিয়ান ভাষা তাড়াতাড়ি শিখা।

– 한국식 인사 예절을 배운다.

কোরিয়ান ষ্টাইলে সালাম দেওয়ার রীতি নীতি শিখা।

– 가족관계 및 이름, 나이, 생일, 좋아하는 음식등을 확인한다.

পারিবারিক সম্পর্ক এবং নাম, বয়স, জন্ম তারিখ, পছন্দের খাবার ইত্যাদি সমন্ধে নিশ্চিত হওয়া।

– 식사예절 및 음식 조리방법 등을 학습한다.

খাবার সময়ের ভদ্রতা এবং খাবার তৈরীর নিয়মাবলী শেখা।

– 집에 있는 전자제품 등의 사용방법 등을 익힌다.

বাসায় থাকা ইলেকট্রিক জিনিস পত্র ব্যবহারে অভ্যস্ত হওয়া।

– 생필품 쇼핑 방법 및 쇼핑센타 위치 등을 익힌다.

দৈনন্দিন ব্যবহারের জন্য প্রয়োজনীয় জিনিস পত্র এবং সোপিং সেন্টারের অবস্থান জানা থাকা।

– 한국돈의 개념 및 싸고 비싼 물건에 대한 가격의 판단력을 키운다.

কোরিয়ান মানি সমন্ধে সাধারণ ধারণা এবং সস্তা ও দামী জিনিসের মূল্য সমন্ধে বিচার বুদ্ধি থাকা।

– 물건은 품질이 좋으면서 값이 싼 물건이 좋다.

কোয়ালিটি ভালো এবং দামে সস্তা দ্রব্য পছন্দ করা।

–한국에 오면 우선적으로 한국생활에 적응하기 위해 최선을 다해야 한다.

কোরিয়ায় আসলে প্রথমত কোরিয়ার জীবন যাপনে খাপ খাওয়ানোর জন্য সর্বোচ্চ চেষ্টা থাকা।

한국에서 무단가출을 해서는절대로 안된다

কোরিয়াতে বাড়ী গেকে পালিয়ে গেলে অবশ্যই হবে না

–본인이 임의로 무단 가출을 하면 한국에서는 위장결혼으로 판단하여 형사 고발되며 형사 처벌을 받게 된다.

আপনি নিজের ইচ্ছা মত বাড়ী থেকে পালালে মিথ্যা বিবাহ করার অপরাধ সব্যস্ত হয়ে শাস্তি ভোগ করতে হবে।

– 만약 무단가출로 검거되어 형사처벌을 받으면 한국에는 도와줄 사람이 없음을 명심해야 한다.

যদি বাড়ী থেকে পালিয়ে বন্দী হন তবে কোরিয়াতে কেউ সাহায্য করবে না।

– 참고로 한국은 방글라데시와 달리 경찰청 범인 검거 시스템이 잘되어 있어 무단가출 자는 쉽게 검거될 수 있음을 명심한다.

বাস্তবে কোরিয়া এবং বাংলাদেশের আইনগত বন্দি করার সিষ্টেম ভালো আছে এজন্য বাড়ী থেকে পালিয়ে গেলে সহজেই ধরা পড়ে এটা মনে রাখা।

– 무단가출하여 취직을 하려고 해도 한국에서는 불법이기 때문에 사업주가 처벌이 두려워 직원으로 채용하지 않음을 명심한다.

বাসা থেকে পালিয়ে চাকুরী করতে চাইলেও কোরিয়াতে অবৈধ বলে কোম্পানীর মালিকরা শাস্তির ভয় পায় বলে নিজের কর্মী হিসাবে দায়িত্ব নিবে না এটা জানা থাকা।

– 만일 무단가출하여 취직 중 적발이 되면 본인 및 사업주가 모두 형사처벌을 받으며 이때는 방글라데시 대사관에서도 본인에게 도움을 줄 수 없음을 명심해야 한다.

বাসা থেকে পালিয়ে গিয়ে কর্মরত অবস্থায় যদি জানা জানি হয় তবে আপনি এবং মালিক উভয়ই শাস্তি ভোগ করবেন, সে ক্ষেত্রে বাংলাদেশ দুতাবাসও কোন সাহায্য করতে পাবেন না এটা জানা থাকতে হবে।

부부간의 성격차이를 인정하고 개선의 노력을 해야 한다

স্বামী-স্ত্রীর স্বভাব চরিত্রের পার্থক্য মেনে নিয়ে তার উন্নতির চেষ্টা করা

– 부부간의 성격은 다를 수 있다는 사실을 인정해야 한다.

স্বামী-স্ত্রীর স্বভাব চরিত্রের পার্থক্য থাকতে পারে এ সত্যকে মেনে নিতে হবে।

– 성격은 쉽게 개선되지 않으므로 인내심을 가지고 서로를 존중하면서 꾸준히 개선의 노력을 해야 한다.

স্বভাব চরিত্রের বৈশিষ্ট সহজে তাড়াতাড়ি পরিবর্তন হয় জেনে ধৈর্য্যের সাথে একে অপরকে সম্মান করার মনোভাব নিয়ে উন্নতির চেষ্টা করা।

– 성격차이로 가정의 불화가 되지 않도록 서로 주의해야 한다.

স্বভাব চরিত্রের পার্থক্যের কারণে পরিবারে বিবাদ সৃষ্টি যাতে না হয় সেজন্য শতর্ক থাকা।

배우자의 현재 경제력 및 생활수준을 존중해야 한다

কোরিয়ান স্বামী স্ত্রীর বর্তমান অর্থনৈতিক অবস্থা ও জীবনযাত্রার মানকে সম্মান করা

– 배우자의 현재 경제력 및 생활수준을 인정하여 앞으로 행복하고 더 부유한 생활이 될 수 있도록 서로가 노력해야 한다.

স্বামী বা স্ত্রীর বর্তমান আর্থিক ও জীবন যাপনের মানকে মেনে নিয়ে ভবিষ্যতে সুখী হয়ে আরো উন্নত জীবন যাপনের জন্য উভয়ই চেষ্টা করতে হবে।

– 배우자의 경제력과 생활수준 및 성격 등을 다른 배우자와 비교하는 말이나 행동은 절대 해서는 안된다.

স্বামী বা স্ত্রীর আর্থিক যোগ্যতা ও জীবন যাপনের মান এবং স্বভাব চরিত্র ইত্যাদি অন্য স্বামী বা স্ত্রীর সাথে তুলনা করে কথা বলা বা আচরণ কিছুতেই করা যাবে না।

– 한국 남성은 자존심이 강한 편이다.

কোরিয়ান পুরুষদের আত্ম সম্মান খুব শক্তিশালী।

– 자신의 배우자가 자신을 다른 배우자와 비교하여 격하 시키는 말이나 행동을 하면 가정불화의 원인이 될 수 있음을 명심해야 한다.

নিজের স্বামী বা স্ত্রীকে অন্য কারো স্বামী বা স্ত্রীর সাথে তুলনা করে অসম্মান জনক কথা বললে পরিবারে বিবাদ সৃষ্টি হওয়ার কারন হতে পারে।

상기의 사항들을 학습할 때 노트에 메모하는 습관이 필요하다

উপরোক্ত বিষয়গুলো শেখার জন্য ডায়েরিতে নোট করার অত্যাস করা প্রয়োজন

- 상기의 학습사항을 노트에 메모하는 습관을 가지면 빠른 한국 생활 적응에 도움이 된다.

학습노트를 배우자나 가족이 혹시 보게 되면 열심히 노력하고 있는 당신에 대해 감사하게 생각할 것이다.

উপরে উল্লেখিত বিষয়াদি ডাইরীতে মেমো করার অভ্যাস করে ফেল্‌লে কোরিয়ায় জীবন যাপনে খাপ খাওয়াতে দ্রুত সহায়ক হবে।ডাইরীতে মেমো করে মনযোগ দিয়ে অনুশীলন করা দেখলে ধন্যবাদের মন প্রকাশ পাবে।

상호간의 호칭

একে অপরের সম্বোধন

자기에 대한 호칭
নিজেকে সম্বোধন

– 저,제:웃어른이나 여러 사람에게 말할 때.

জ, জে :আমার চেয়ে বয়সে বড় বা উচ্চ পদস্থ বা অনেক লোকদেরকে একসংগে কথা বলার সময়-

– 나:같은 또래나 아랫사람에게 말할 때.

না: সমবয়সী বা নিজের চেয়ে কম বয়সীদের সাথে কথা বলার সময়-

– 우리,저희:자기 쪽을 남에게 말할 때.

উরি, নিজেদের পক্ষে অন্যদের কাছে কথা বলার সময়

부모에 대한 호칭
পিতা মাতাকে সম্বোধন

– 아버지 어머니:자기의 부모를 직접 부르고 지칭하거나 남에게 말할 때.

আবজি, অমনি :নিজের পিতা মাতাকে সরাসরি ডাকার সময় বা অন্যের কাছে পিতা মাতার কথা বলার সময়

– 아버님,어머님:남편의 부모를 직접 부르고 지칭하거나 남에게 말할 때 또는 남에게 그 부모를 말할 때.

আবনিম, অমনিম:স্বামীর পিতামাতাকে সরাসরি ডাকার সময় বা অন্যের কাছে পিতা মাতার কথা বলার সময়-

– 애비,에미,아범,어멈:부모의 어른에게 자기의 부모를 말할 때, 부모가 자녀에게자기를 지칭할 때, 또는 할아버지나 할머니가 손자,손녀에게 그 부모를 말할 때.

এবি, এমি, আবম, অমম: পিতামাতার চেয়ে বয়সে বড়দের কাছে নিজের পিতা মাতার কথা বলার সময় বা পিতা মাতা সন্তানদেরকে নিজে কথা বলার সময় বা দাদা দাদী বা নানা নানী তাঁদের নাতি পোতারদের কাছে তাদের পিতামাতার কথা বলার সময়-

– 아빠 · 엄마:말 배우는 아이가 자기의 부모를 부르거나 말할 때.

আব্বা, অম্মা:কথা শিখতে থাকা শিশুরা তাদের পিতা-মাতাকে ডাকার সময়-

– 가친(家親), 자친(慈親) : 자기의 부모를 남에게 말할 때의 한문식 지칭.

গাছিন, জাছিন:নিজের পিতামাতার সমন্ধে অন্যের কাছে কথা বলার সময় চাইনিজ হরফ-

– 춘부장(椿府丈) · 자당님(慈堂) : 남에게 그의 부모를 한문식으로 말할 때.

ছুনবুজাং, জাদাংনিম:অন্যকে অন্যের পিতামাতা সমন্ধে বলার সময় চাইনিজ হরফ

– 부친 · 모친(父親 · 母親) : 남에게 다른 사람의 부모를 말할 때.

বুছিন, মোছিন:অন্যকে অন্যের পিতামাতার কথা বলার সময়-

– 현고(顯考) · 현비(顯妣) : 축문이나 지방에 돌아가신 부모를 쓸 때.

হিয়নগো, হিয়নবি:মৃত ব্যক্তি যাকে কুর্নিশ করা হয় বা যে কুর্নিশ করে তাঁদের পিতামাতার নাম লেখার সময়-

– 선친(先親) · 선비(先妣) : 남에게 자기의 돌아가신 부모를 말할 때.

সনছিন, সনবি:অন্যকে নিজের মৃত পিতামাতা সমন্ধে বলার সময়-

– 선고장(先考丈) · 대부인(大夫人) : 남에게 그 돌아가신 부모를 말할 때.

সনগোজাং, দোবুইন:অন্যকে তাঁদের মৃত পিতামাতা সমন্ধে বলার সময়-

형제자매간의 호칭
ভাই বোনের সমন্ধে সম্বোধন

– 언니:여동생이 여자형을 부를 때.

অন্নি:ছোট বোন বড় বোনকে ডাকার সময়-

– 형님:기혼의 남동생이 형을 부를 때.

হিয়ংনিম: বিবাহিত পুরুষ বড় ভাইকে ডাকার সময়-

– 형:집안의 어른에게 형을 말할 때.

হিয়ং:বংশের ছোটরা ভাই সম্পর্কে বড়দের ডাকার সময়-

– 백씨(伯氏)·중씨(仲氏)·사형(舍兄):자기의 형을 남에게 말할 때.

বেগসি, জুংসি, সাহিয়ং:নিজের বড়ভাই সমন্ধে অন্যকে বলার সময়-

– 애·이름·너:미혼이나 10년 이상 연하(年下)인 동생을 부를 때.

এ্যা, ইরুম, নো:অবিবাহিত বা ১০বছরের ছোট পর্যন্ত ছোট ভাইকে ডাকার সময়-

– 동생·자네·이름:기혼이나 10년 이내 연하인 동생을 부를 때.

দোংসেং, জানে, ইরুম,: বিবাহিত বা ১০ বছরের ছোট ভাইকে ডাকার সময়-

– 아우:동생의 배우자나 남에게 자기의 동생을 말할 때.

আউ:ছোট ভাইয়ের স্ত্রী বা অন্যকে নিজের ছোট ভাই সমন্ধে বলার সময়-

– 아우님 제씨:남에게 그 동생을 말할 때.

আউনিম জেসি:অন্যকে তাঁর ছোট ভাই সমন্ধে বলার সময়-

- 에미 : 집안의 어른에게 자녀를 둔 여동생을 말할 때.

এমি:বংশের মুরব্বিদের কাছে সন্তান থাকা ছোট বোন সমন্ধে বলার সময়-

- 오빠 : 미혼 여동생이 남자형을 부를 때.

ওপ্পা:অবিবাহিত ছোট বোন বড় ভাইকে ডাকার সময়-

- 오라버님 : 기혼 여동생이 남자형을 부를 때.

ওরাবনিম:বিবাহিত ছোট বোন বড় ভাইকে ডাকার সময়-

- 오라비 : 여동생이 집안 어른에게 남자형을 말할 때.

ওরাবি:ছোট বোন বংশের মুরব্বিদের কাছে বড় ভাইয়ের কথা বলার সময়-

- 누나 : 미혼 남동생이 손위 누이를 부를 때.

নুনা:অবিবাহিত ছোট ভাই বড় বোনকে ডাকার সময়-

- 동생 · 자네 · ○○아버지 : 손위 누이가 기혼인 남동생을 부를 때.

দোংসেং, জানে ○ ○ আবজি:বড় বোন বিবাহিত ছোট ভাইকে ডাকার সময়-

형제자매의 배우자 호칭
ভাই বোনের স্ত্রী বা স্বামীকে সম্বোধন

– 아주머니 · 형수님:시남동생이 형의 아내를 부를 때.

আজুমনি, হিয়ংসুনিম:স্বামীর ছোট ভাই বড় ভাইয়ের স্ত্রীকে ডাকার সময়-

– 아주미 · 아지미 · 형수:집안 어른에게 형수를 말할 때.

আজুমি, আজিমি, হিয়ংস:বংশের মুরব্বিদের কাছে ভাবীর কথা বলার সময়

– 형수씨:남에게 자기의 형수를 말할 때.

হিয়ংসুসি:অন্যের কাছে নিজের ভাবীর কথা বলার সময়-

– 제수씨:동생의 아내를 직접 부를 때.

জেসুসি:ছোট ভাইয়ের স্ত্রীকে সরাসরি ডাকার সময়-

– 제수:집안 어른에게 동생의 아내를 말할 때.

জেসু: বংশের মুরব্বিদের কাছে ছোট ভাইয়ের স্ত্রীর কথা বলার সময়-

– 언니:시누이가 오라비의 아내를 부를 때.

অন্নি: স্বামীর ছোট বোন বড় ভাইয়ে স্ত্রীকে ডাকার সময়-

– 올케 · 새댁 · 자네:시누이가 남동생의 아내를 부를 때.

ওল্কে, সেদেগ, জানে:বড়বোন ছোট ভাইয়ের স্ত্রীকে ডাকার সময়-

– 댁:집안 어른에게 남동생의 아내를 말할 때.

দেগ: বংশের মুরব্বিদের কাছে ছোট ভাইয়ের স্ত্রীর কথা বলার সময়-

– 매부(妹夫), 매형:누님의 남편을 부를 때와 자매의 남편을 남에게 말할 때.

মেবু, মেহিয়ং:বড় বোনের স্বামীকে ডাকার সময় এবং বোনের স্বামী সমন্ধে অন্যের কাছে বলার সময়-

– 자형(姊兄):오빠가 여동생의 남편을 부를 때

জাহিয়ং: ছোট ভাই বড় বোনের স্বামীকে ডাকার সময়-

– 서방·자네:언니나 오빠가 여동생의 남편을 부를 때.

সবাং, জানে: বড়ো বোন বা বড় ভাই ছোট বোনের স্বামীকে ডাকার সময়-

– 매제(妹弟):누이 동생의 남편을 남에게 말할 때.

মেজে: ছোট বোনের স্বামী সমন্ধে অন্যের কাছে বলার সময়-

– 형부(兄夫):여동생이 언니의 남편을 부를 때.

হিয়ংবু: ছোট বোন বড় বোনের স্বামীকে ডাকার সময়-

기타 친척간의 호칭
অন্যান্য আত্মীয়দের মধ্যে সম্বোধন

– 할아버지 · 할머니:조부모를 직접 부르거나 남에게 말할 때.

হার্আবজি, হার্মনি:দাদা-দাদী বা নানা-নানীকে সরাসরি ডাকার সময়-

– 할아버님 · 할머님:남에게 그 조부모를 말할 때와 남편의 조부모를 부를 때.

হার্আবনিম, হার্মনিম: অন্যের কাছে দাদা-দাদী বা নানা-নানীর সমন্ধে বলার সময় বা স্বামীর দাদা- দাদি বা নানা নানিকে ডাকার সময়-

– 대부(大父),대모(大母):자기의 직계 존속과 8촌이 넘는 할아버지와 할머니를 부를 때.

দেবু, দেমো: নিজের ৮ম পুরুষ দাদা দাদী বা নানা নানীকে ডাকার সময়-

– 큰아버지,큰어머니, 몇째 아버지 몇째 어머니, 작은아버지,작은어머니:아버지의 형제와 그 배우자를 부르거나 말할 때. 이때 맏이는 큰, 막내는 작은, 기타 중간은 몇째를 붙인다. 이것은 형제 자매나 차례가 있는 친족의 칭호에 공통으로 쓰인다.

খুন্আবজি, খুন অমনি, মিয়চ্ছে আবজি, মিয়চ্ছে অমনি, জাগউন আবজি, জাগ্উন অমনি: বাবার ভাইদের ও তাঁদের স্ত্রীদের ডাকার সময়, এসময় প্রথম জনকে খুন, সবচেয়ে ছোট জনকে জাগ্উন, অন্যন্যদের ক্ষেত্র মেচ্ছে বলে ডাকা হয়। এটা ভাই বা বোন অনেক থাকা বংশের মধ্যে বা আত্মীয়-স্বজনদের ক্ষেত্রে ব্যবহার করা হয়।

– 아저씨 · 아주머니:아버지와 4촌 이상인 아버지 세대의 어른과 그 배우자를 부를 때.

আজসি, আজুমনি: বাবা এবং চাচাতো ভাই বোনদের চেয়ে দুরের বাবার বয়সী লোক বা তাঁদের স্ত্রীদেরকে ডাকার সময়-

– 고모 · 고모부:아버지의 자매와 그 배우자를 부를 때.

গোমো, গোমোবু: বাবার বোন এবং তাঁর স্বামীকে ডাকার সময়-

– 외숙 · 외숙모:어머니의 형제와 그 배우자를 부를 때

ওয়েসুগ, ওয়েসুগ্মো: মায়ের ভাই বা তাঁর স্ত্রীকে ডাকার সময়-.

– 이모 · 이모부:어머니의 자매와 그 배우자를 부를 때.

ইমো, ইমোবু: মায়ের বোন ও তাঁর স্বামীকে ডাকার সময়-

이웃간의 호칭
প্রতিবেশীদের মধ্যে সম্বোধন

– 어르신 · 어르신네:부모의 친구, 친구의 부모, 또는 부모같이 나이가 많은 남녀 어른(자기보다 16년 이상 연상자).

অরোসিন, অরোসিন্নে: বাবামায়ের বন্ধু বা বন্ধুদের মা বাবা বা বাবা মায়ের সমবয়সী নারী পুরুষ (নিজের চেয়ে ১৬ বছরের বেশী বয়সী)দের ক্ষেত্রে-

– 선생님:자기가 존경하는 웃어른이나 직업이 선생님인 남녀 어른.

সনসেংনিম: নিজের সম্মানীত পুরুষ-মহিলা বা শিক্ষকতার পেশা যাঁদের আছে তাঁদের ক্ষেত্রে-

– 형님 · 형:자기와 6년 내지 10년 사이에 드는 연상 · 연하자와의 상호 칭호.

হিয়ংনিম, হিয়ং: নিজের চেয়ে ৬ থেকে ১০ বছর পর্যন্ত বয়সে বড়দেরকে ডাকার সময়-

– 선배님 · 선배:학교 선배나 같은 일을 하는 연장자.

সন্বেনিম, সন্বে:স্কুলে উপরের ক্লাসের বা একই অফিসে আমার চেয়ে আগে যে চাকুরীতে ঢুকেছে তাঁকে ডাকার সময়-

– 이름 · 자네:상하10년 이내의 연령차로서 친숙한 사이.

ইরুম, জানে: ১০ বছরে ছোট কাছের সম্পর্ক থাকলে তাকে ডাকার সময়-

– ○○님:상대가 위치한 직책명에 '님'을 붙인다.

○ ○ নিম:পদবীর সাথে নিম যোগ করা।

– ○○어버님:친구나 잘 아는 사람과의 관계로 부르기도 한다.

○ ○ অবনিম:বন্ধু বা ঘনিষ্ট সম্পকের কাউকে ডাকার সময়-

- 너·이름·얘:미성년자나 아이들 또는 어린 사람들이 친구끼리 말할 때.

ন, ইরুম, এ্যা: টিনেইজার ও তাদের চেয়ে কম বয়সীরা তাদের বন্ধুদের সাথে একে অপরে কথা বলার সময়-

잘 모르는 사람에 대한 칭호
অচেনা লোকদের সম্বোধন

– 노인어른, 노인장 : 60세 이상의 남녀 노인.

নোইন অরোন, নোইনজাং: ৬০ বছরের অধিক বয়সী পুরুষ-মহিলা

– 어르신, 어르신네 : 자기의 부모같이 나이가 많은 남녀 어른.

অরোসি, অরোসিন্‌নে:নিজের বাবা-মায়ের বয়সী পুরুষ- মহিলাকে

– 선생님 : 자기가 존경할 만큼 점잖거나 나이가 많은 남녀.

সনসেংনিম: নিজের কাছে সম্মানীত বা সম্মান পা-ওয়ার যোগ্য ব্যাক্‌তি ।

– 형씨 : 자기와 동년배인 남자끼리.

হিয়ংসি: নিজের সমবয়সী পুরুষ একে অপরকে

– 댁 : 형씨라 부를 동성간이나 이성간.

দেগ:নিজের সমবয়সীরা একে অপরকে

– 학생 : 학생 신분인 남녀.

হাগসেং: যাদের আইডেন্টিটি ছাত্র-ছাত্রী তাদেরকে

예절

শিষ্টাচার

서 있을 때의 예절

দাড়িয়ে থাকার সময় শিষ্টাচার

– 발은 편하게 약간 옆으로 벌리되 앞뒤로 엇갈리지 않도록 한다.

দুই পা সামান্য ফাকা করে সমান্তরাল রেখে দাড়াতে হবে।

– 무릎과 엉덩이, 허리를 자연스럽고 곧게 편다.

হাটু এবং হিপ, কোমর স্বাভাবিক ভাবে সোজা রেখে দাড়ানো।

– 체중을 두 다리에 고르게 실어 몸이 한쪽으로 기울지 않도록 한다.

শরীরের ওজন দুই রানের উপর যাতে সমান ভাবে পড়ে সেভাবে দাড়ানো।

– 두 손은 앞으로 모아 잡는다.

দুই হাত সামনে এনে এক হাত দিয়ে অন্য হাত ধরে দাড়ানো।

– 가슴을 자연스럽게 편다.

বুক স্বাভাবিক ভাবে প্রশস্ত সোজা রেখে দাড়ানো।

– 두 어깨는 수평이 되도록 반듯하게 해서 앞으로 굽혀지거나 뒤로 젖혀지지 않도록 한다.

দুই কাধ সমান্তরাল রেখে সামনে না ঝুকে বা পিছনের দিকে না হেলে দাড়ানো।

- 고개는 반듯하게 들고 턱을 자연스럽게 앞으로 당긴다.

ঘাড় সোজা রেখে থুথু অতি হালকা উপরের দিক দিয়ে সম্মুখে পানে তাকিয়ে দাড়ানো।

- 눈은 곱게 뜨고 시선은 자신의 정면 위쪽에 둔다.

চোখ সাবলিল ভাবে খোলা রেখে মুখমন্ডল সোজা রেখে দাড়ানো।

- 입은 자연스럽게 다문다.

মুখ সাবলিল ভাবে বন্ধ রাখে দাড়ানো।

앉아 있을 때의 예절
বসে থাকার সময় শিষ্টাচার

– 어른의 정면에 앉지 않고 되도록이면 남자는 어른의 왼쪽 앞, 여자는 어른의 오른쪽 앞에 앉는다.

বড়দের সামনে না বসে সম্ভব হলে পুরুষ বড়দের বাম পাশে, মেয়েরা বড়দের ডান পাশে বসবে।

– 어른께서 먼저 앉으라고 한 뒤에 앉는다.

বড়রা আগে বসার পর পিছনে বসতে হবে।

– 먼저 왼쪽 무릎을 꿇고 다음에 오른쪽 무릎을 꿇어앉는다.

প্রথম বাম হাটু ভেংগে পরে ডান হাটু ভেংগে বসতে হবে।

– 두 손을 가지런히 펴서 두 무릎 위에 얹거나, 모아 잡은 손을 남자는 중앙에, 여자는 오른쪽 다리 위에 놓으면 보기 좋다.

দুই হাত সম্ভব মত সোজা করে দুই হাটুর উপর রাখা বা দুই হাত এক করে পুরুষরা দুই রানের মাঝে, মেয়েরা ডান রানের উপর রাখলে দেখতে ভালো দেখায়।

– 입고 있는 옷이 앉은 주위에 함부로 펼쳐지지 않도록 다독거려 갈무리한다.

পরে থাকা পোষাক বসার জায়গায় অগোছালো ভাবে ছড়িয়ে না দিয়ে গুছিয়ে রাখা ভালো।

– 허리를 펴서 앉은 자세를 바르게 한다. 시선은 15도 각도로 아래를 본다.

কোমর সোজা করে বসার অভ্যাস তাড়াতাড়ি করা। ১৫ডিগ্রী কোন পরিমানে দৃষ্টি নিচে রেখে বসা।

– 방석에 앉을 때에는 방석을 발로 밟지 않도록 주의한다.

কুশনে বসার সময় কুশন যাতে পদ দলিত না সে দিকে সাবধান থাকা।

- 왼쪽 무릎을 꿇기 전에 두 손으로 방석을 당겨 무릎 밑에 반듯하게 넣으면서 방석 위에 무릎을 꿇는다.

বাম হাটু ভাজ করার আগে দুই হাত দিয়ে কুশন টেনে হাটুর নীচে যথারীতি রেখে কুশনের উপর হাটু রাখতে হবে।

- 방석의 중앙에 앉되 발끝이 방석의 뒤편 끝에 걸쳐지게 앉는다.

কুশনে বসে পায়ের শেষ প্রান্ত দিয়ে কুশনের পাশ উল্টিয়ে ভাজ করে বসলে হবে না।

- 일어설 때에는 무릎을 들면서 두 손으로 방석을 원래 자리에 밀어 놓는다.

উঠে দাড়ানোর সময় হাটু তুলে দুই হাত দিয়ে কুশন আগের জায়গায় রাখতে হবে।

- 어른이 편히 앉으라고 하면 편히 앉는다. 이때 벽이나 가구에 기대거나 손으로 바닥을 짚고 비스듬히 앉지 않도록 주의하며, 다리를 뻗고 앉지 않는다.

বড়রা আরাম করে বসতে বললে আরাম করে বসতে হবে। এসময় দেওয়ালে বা আসবাব পত্রে হেলান দিয়ে বা হাত দিয়ে মেঝে ধরে তির্যক ভাবে না বসার ব্যপারে সাবধান থাকা, পা ছড়িয়ে বসা যাবে না।

- 의자에 앉을 때에는 의자의 옆에서 바른 자세로 정면을 향해 선 다음 의자 쪽으로 몸을 약간 돌리면서 의자 쪽의 손으로 의자의 등받이를 잡아 의자가 흔들리지 않게 한다.

চেয়ারে বসার সময় চেয়ারের পাশ থেকে সামনের দিকে মূখ রেখে দাড়ানোর পর চেয়ারের দিকে গিয়ে শরীর হালকা ভাবে ঘুরিয়ে চেয়ারের দিকে হাত দিয়ে ধরে বসতে হবে যাতে বসার সময় চেয়ার না নড়ে।

- 앉을 때에는 의자가 밀려 흔들리지 않도록 두 손으로 의자의 양 옆이나 팔걸이를 잡고 가만히 앉는다.

বসার সময় চেয়ার সরে নড়ে না যায় সেজন্য চেয়ারের দুই পাশ বা পায়া ধরে চুপচাপ বসতে হবে।

- 두 무릎과 발끝을 붙이고 앉아 두 손은 포개 잡고 다리 위에 얹으며, 등은 뒤에 깊이 기대지 말고 곧게 세워 앉는다.

দুই হাঁটু এবং পায়ের গোড়ালী মিলিয়ে বসে এক হাত আর এক হাতের উপর রেখে রানের উপর রেখে, পিঠ পিছনে হেলান না দিয়ে সোজা হয়ে বসতে হবে।

걸을 때의 예절
হাটার সময় অংগ ভংগি শিষ্টাচার

– 양발 뒷금치를 살짝 들고 걷는다.

দুই পায়ের গোড়ালী একটু উচু করে হাটা।

– 옷자락이 펄럭이지 않게 잘 여미며 걷는다.

পোষাকের পাড় যাতে পায়ের গোড়ালীর তলে না পড়ে সে ভাবে হাটা।

– 너무 느리게 걸어 주위 사람들의 보행에 방해를 주어서도 안 된다.

অনেক আস্তে হেটে আসে পাশের লোকদের চলাচলে ব্যঘাত ঘটালে হবে না।

– 실내에서 걸을 때에는 보폭을 실외에서보다 좁게 한다.

ঘরের মধ্যে হাটার সময় ঘরের বাইরে হাটার চেয়ে পদক্ষেপ ছোট ফেলতে হবে।

– 여자가 한복을 입었을 때에는 발끝으로 치맛자락을 사뿐히 차듯이 밀며 걷는다.

মেয়েরা কোরিয়ান ট্রেডিশনাল ড্রেস পরলে পায়ের গে-াড়ালী পর্যন্ত স্কার্ট থাকে তখন তা পা দিয়ে ঠেলে ঠেলে হাটতে হয়।

– 계단을 오르내릴 때에는 옷자락을 들고 잘 여며서 밟히지 않도록 한다.

সিড়ি দিয়ে উঠা নামা করার সময় হাতল ধরে ধাপ দেখে পা ফেলতে হবে যাতে পা ফসকে না যায়।

– 남의 앞을 가로 지날 때에는 반드시 '실례합니다', '죄송합니다'라고 양해를 구한 뒤, 남의 몸에 부딪 치거나 옷이 스치지 않게 주의 하면서 민첩하게 걷는다. 또한 상대에게 정면으로 뒷모습을 보이지 않게 한다.

অন্যের পাশ দিয়ে যাওয়ার সময় অবশ্যই 'দুঃখিত' বলে অনুশোচনা প্রকাশ করতে হবে। অন্যের শরীরে যাতে ধাক্কা না লাগে বা কাপড়ের ভাজ নষ্ট না হয় সে জন্য সাবধানে চলা ফেরা করা।

출입할 때의 예절
যাওয়া আসার সময় শিষ্টাচার

- 출입할 때에는 노크를 하거나 인기척을 내어 안에 있는 사람이 알도록 한다.

আসা যাওয়ার সময় নক করা বা ভিতরে থাকা লোকদেরকে জানান দিতে হবে।

- 문을 열고 닫을 때에는 두 손으로 한다.

দরজা খোলা ও বন্দ করার সময় দুই হাতে করতে হবে।

- 안으로 들어가거나 나올 때에는 문턱(문지방)을 밟지 않는다.

ভিতরে যাওয়ার সময় বা বাহির হওয়ার সময় দরজায় পা না দেওয়া।

- 방안의 사람에게 될 수 있는 대로 뒷모습을 보이지 않는다.

ঘরের ভিতরে থাকা লোকদের পারত পক্ষে পিছন না দেখান।

- 문은 가능한 한 소리나지 않게 여닫으며, 걷는 발소리도 나지 않게 한다.

দরজা খোলার সময় ও বন্ধ করার সময় সম্ভব হলে শব্দ না করা।

- 문을 필요 이상으로 넓게 열지 말고, 문을 열어 놓은 채 다른 일을 하지 않는다.

প্রয়োজন ছাড়া দরজা বেশী না খুলে রাখা, দরজা খুলে রেখে অন্য কাজ না করা।

- 여닫이문을 살짝 밀어서 열고 닫는다

খোলা দরজা হালকা ভাবে চেপে খুলে আবার বন্ধ করা।

- 미닫이문을 여닫을 때에는 두 손으로 잡아당겨 열고 닫는다.

বন্ধ না হওয়া দরজা খোলা বা বন্ধ করার সময় দুই হাতে টেনে বা চেপে বন্ধ করা।

물건을 다룰 때의 예절
জিনিষ পত্র হ্যান্ডেলিং করার সময় শিষ্টাচার

– 물건은 소리나지 않고 상하지 않게 조심스레 다룬다.

জিনিষ পত্র হ্যান্ডেলিং করার সময় যাতে শব্দ না হয় বা নষ্ট না হয় সে ভাবে সাবধানে করতে হবে।

– 물건의 아래와 위, 속과 겉이 바뀌지 않게 다룬다.

জনিষ পত্রের নীচে, উপরে, ভিতরে বা বাইরে যাতে পরিবর্তন না হয় সেভাবে হ্যান্ডেলিং করতে হবে।

– 물건은 두 손으로 다루는 것을 원칙으로 한다

জিনিষ পত্র দুই হাতে হ্যান্ডেলিং করাই মুলনীতি হিসাবে করা।

– 물건을 바닥에 놓을 때에나 바닥에서 들 때에는 앉아서 놓거나 든다.

জিনিষ পত্র মেঝেতে রাখার সময় বা মেঝে থেকে তুলার সময় বসে রাখতে হবে বা তুলতে হবে।

– 칼이나 송곳 등 위험한 물건을 남에게 줄 때에는 상대편이 손잡이를 잡기 편하도록 집어준다. 신문이나 책 등을 건네 줄 때에는 상대편에서 바르게 보이도록 한다.

ছুরি বা সুই ইত্যাদি বিপদজনক জিনিষ পত্র প্রতিপক্ষকে দেওয়ার সময় প্রতিপক্ষ সহজে হাতল যাতে ধরতে পারে সেভাবে দেওয়া। নিউজ পেপার বা বই ইত্যাদি দেওয়ার সময় প্রতিপক্ষ যাতে সদর ভাবে দেখতে পায় সেভাবে দিতে হবে।

– 앉은 사람에게는 앉아서 주고, 선 사람에게는 서서 준다.

বসা লোককে বসে এবং দাড়িয়ে থাকা লোককে দাড়িয়ে দিতে হবে।

– 앉아서 주는 물건은 앉아서 받고, 서서 주는 물건은 서서 받는다.

বসে দেওয়া জিনিষ বসে গ্রহন করা এবং দাড়িয়ে দেওয়া জিনিষ দাড়িয়ে গ্রহন করা।

- 남에게서 물건을 받을 때에는 두 손으로 공손히 받아서 조심스레 놓아둔다.

অন্যের কাছ থেকে জিনিষ পত্র গ্রহন করার সময় দুই হাত দিয়ে গ্রহন করে সাবধানে মার্জিত ভাবে রাখা।

- 대접할 음식을 담은 그릇은 음식이나 그릇의 안쪽에 손이 닿지 않게 하며, 상이나 쟁반으로 받친다.

আপ্যায়ন করতে চাওয়া খাবার বাটি বা খাবার রাখা বাটির ভিতরের পাশে যাতে হাত না লাগে সে অবস্থায় টেবিলে বা ট্রেতে রাখতে হবে।

- 바늘이나 핀같이 작은 물건은 큰 종이나 천에 찔러서 보관하며, 작거나 흐트러지기 쉬운 물건은 그릇에 담아서 보관한다.

সুই বা পিনের মত ছোট্ট জিনিষ পত্র বড় কাগজে বা কাপড়ে গেথে সংরক্ষন করা, ক্ষুদ্র বা ছিটকে যেতে অপারে এমন জিনিষ বাটিতে রেখে সংরক্ষণ করা।

대화할 때의 예절
কথোপকথনের সময় শিষ্টাচার

– 대화 장소의 환경과 상대의 성격·수준 등을 참작해 화제를 고른다.

কথোপকথনের স্থান পরিবেশ প্রতিপক্ষের স্বভাব, লেভেল ইত্যাদি বিবেচনা করে বিষয় নিধারন করা।

– 사투리보다는 표준말을, 외래어나 전문용어보다는 쉬운 우리말을, 거친 말보다는 고운 말을 쓴다.

বিভন্ন এলাকার গেও ভাষার চেয়ে ষ্ট্যান্ডার্ড ভাষা, বিদেশী ভাষা বা টেকনিক্যাল টার্ম ব্যবহারের চেয়ে আমাদের সহজ ভাষা, কর্কশ ভাষার চেয়ে মার্জিত ভাষা ব্যবহার করা।

– 감정을 편안하게 하고 표정을 온화하게 해서 말한다.

আবেগ সাবলিল ভাবে প্রকাশ করে, মুখের ভাব ভদ্র ভাবে প্রকাশ করে কথা বলা।

– 너무 작거나 크게 말하지 말고, 조용하면서도 알아듣기 좋게 말한다.

খুব আস্তে বা খুব জোরে কথা না বলে ঠান্ডা ভাবে যাতে ভালো বুঝা যায় সে ভাবে কথা বলা।

– 발음을 정확하게 하고 속도를 조절해서 상대편이 이해하기 좋게 말하며, 상대가 정확히 이해하고 있나를 살피면서 말한다.

উচ্চারণ সঠিক ভাবে করে কথা বলার গতি কন্ট্রল করে প্রতিপক্ষ যাতে সহজে বুঝতে পারে সেভাবে কথা বলা, প্রতিপক্ষ বুঝতে পারছে কিনা সেদিকে খেয়াল রেখে কথা বলা।

– 상대가 질문하면 자상하게 설명하고, 의견을 말하면 성의있게 듣는다.

প্রতিপক্ষ প্রশ্ন করলে মার্জিত ভাবে বর্ননা করা, মতামত পকাশ করলে আন্তরিক ভাবে শুনা।

- 다른 사람이 이야기하는 도중에 말을 막거나 끼어들지 않고 의문이 있으면 말이 끝난 뒤에 묻는다.

অন্য লোক কথা বলার সময় কথায় বাধা দেওয়া বা কথার মধ্যে কথা না বলে কথা শেষ হলে কথা বলা।

- 화제가 이어지도록 간결하게 요점을 말해 중언부언하지 않는다.

বিষয়বস্তু সংক্ষেপে বুঝার মত করে কথা বলা অনার্থক পুনরাবৃত্তি না করা।

- 평소의 대화는 자기 주장을 지나치게 고집해서 분위기가 상하는 일이 없도록 한다.

স্বাভাবিক কথোপকথনের সময় নিজের ইচ্ছামত একগুয়েমী প্রকাশ করে পরিবেশ নষ্ট না করা।

- 말은 귀로만 듣는 것이 아니라 표정 눈빛 몸으로도 듣는다는 자세를 갖고 상대가 알아차리도록 은근하면서도 확실한 반응을 보인다.

কথা শুধু কান দিয়ে শুনা নয় মুখের ভাব চোখের চাহনী শরীর দিয়েও শুনার ভংগি রেখে প্রতিপক্ষ বুঝতে পারার মত শান্ত ভাবে সঠিক প্রতিক্রিয়া প্রকাশ করা যায়।

- 대화중에 자리를 뜰 때에는 양해를 구하고, 다른 사람에게 방해가 되지 않게 한다.

কথোপকথনের সময় চলে যেতে চাইলে অনুমতি নেওয়া, অন্য লোককে কোন ভাবে ডিসটার্ব না করা।

- 대화를 마치고 난 뒤에는 상대에게 감사를 표한다.

কথোপকথন শেষ হওয়ার পর প্রতিপক্ষকে ধন্যবাদ প্রকাশ করা।

전화할 때의 예절

ফোন করার সময় শিষ্টাচার

전화를 걸 때
ফোন করার সময় শিষ্টাচার

– 전화를 걸기에 앞서 상대의 전화번호를 확인하고, 용건을 미리 정리해 짧은 통화가 되게 한다. 만약 전화가 잘못 걸었으면 정중하게 사과한다.

ফোন করার জন্য আগে ফোন নম্বর সঠিক কিনা দেখে নেওয়া, কথা বলার বিষয় আগেই ঠিক করে নিয়ে সংক্ষেপে কথা বলা, যদি ফোন ভুল নম্বরে যায় তবে গ্রহন যোগ্য ভাবে দু:খিত বলা।

– 상대가 전화를 받으면 정확하게 연결되었는지 상대를 확인하고, 자기를 소개한다.

প্রতিপক্ষ ফোন রিসিভ করলে ঠিকমত সংযোগ হয়েছে কিনা যাচাই করে নিজের পরিচয় বলা।

– 상대가 이쪽을 알아차리면 먼저 인사부터 하고 용건을 말한다.

প্রতিপক্ষ আগেই চিনে ফেললে আগেই সালাম দিয়ে প্রয়োজনীয় কথা বলা।

– 혹 다른 사람이 받았으면 정중하게 바꿔 주기를 청하고, 상대가 없으면 받은 사람에게 전해 줄 수 있는가를 정중하게 묻고 용건을 말한다.

কদাচিৎ অন্য কেউ রিসিভ করে ফেললে গ্রহন যোগ্য ভাবে ফোন পরিবর্তন করে দিতে বলা, প্রতিপক্ষ না থাকলে যিনি ফোন রিসিভ করেছেন তাকে গ্রহন যোগ্য ভাবে জানতে চাওয়া যে তিনি খবরটা পৌছাতে পারেন কিনা যাকে ফোন করেছেন তার কাছে। অনুমতি দিলে বিষয়বস্তু বলা।

- 용건이 끝나면 정중하게 인사하고, 전화를 끊겠다고 말한 다음에 끊는다. 어른이 받았을 경우에는 어른이 먼저 끊는 것을 확인한 후에 끊는다.

বিষয়বস্তু বলা শেষ হলে যোগ্য ভাবে সালাম দিয়ে ফোন শেষ করবো একথা বলার পর ফোন শেষ করা। মুরব্বি কেউ ফোন ধরলে মুরব্বি আগে ফোন রাখার পর নিশ্চিত হয়ে তারপর ফোন রাখতে হবে।

전화를 받을 때

ফোন রিসিভ করার সময়

– 신호가 울리면 수화기를 들고, 평온한 말투로 먼저 대답을 하고 자기를 소개한다.

রিং বাজলে রিসিভার তুলে শান্তভাবে মিষ্টি গলায় প্রথমে উত্তর দিয়ে নিজের পরিচয় বলা।

– 전화를 건 사람이 확인되면 먼저 인사부터 한다.

যিনি ফোন করেছেন উনাকে জানার পর প্রথম সালাম দিতে হবে।

– 다른 사람을 찾으면 친절하게 기다리라고 말하고 바꾼다.

অন্যকে খুজলে গ্রহন যোগ্য ভাবে অপেক্ষা করতে বলে তাকে ফোন দেওয়া।

– 받을 사람이 없으면 그 사정을 설명하고, 대신 받아도 되겠느냐고 묻는다.

রিসিভ করার লোক না থাকলে সেটা বর্ননা করে, তার পরিবর্তে রিসিভ করলে হবে কিনা জানতে চাওয়া।

– 남에게 온 전화일 때에는 누가 언제 무슨 일로 전화했다는 통화내용을 기록해서 전해 준다.

অন্যের কাছে ফোন আসলে কে কখন কি জন্যে ফোন করেছিলেন লিখে রেখে পরবর্তিতে তাকে জানানো।

– 통화가 끝나면 정중하게 인사하며, 가능하면 전화를 건 사람이 먼저 끊은 다음에 수화기를 내려놓는다.

ফোন শেষ হলে গ্রহন যোগ্য ভাবে সালাম দিয়ে, সম্ভব হলে যিনি ফোন করেছিলেন তিনি ফোন রাখার পর ফোন রাখতে হবে।

– 잘못 걸려온 전화라도 친절하게 응대한다.

ভুল করে কারো ফোন আসলেও মার্জিত ভাবে উত্তর দিতে হবে।

편지할 때의 예절

চিঠি লেখার সময় শিষ্টাচার

–편지를 쓸 때에는 직접 하는 대화 때보다 정중한 용어를 쓴다.

চিঠি লেখার সময় সরাসরি কথা বলার চেয়ে আরো মার্জিত ভাষা ব্যবহার করা।

–편지의 내용을 쓰는 순서는

চিঠির বিষয়বস্তু লেখার ধারাবাহিকতা হলো:

① 첫머리에 편지를 받을 사람을 쓴다('형님 받아보세요' 등)

সবচেয়ে উপরে পাপকে লেখা ('ভাইয়া গ্রহন করুন' ইত্যাদি)।

② 계절을 말하고 상대와 주변의 안부를 묻는다.

ঋতু বৈশিষ্টের কথা বলে প্রতিপক্ষের পারিপাশ্বিক অবস্থা জানতে চাওয়া।

③ 자기의 안부를 전한다.

ভদ্রোচিত সালাম পকাশ করা।

④ 용건을 말한다('아뢸 말씀은, 드리고자 하는 말씀은' 등)

চিঠির বিষয়বস্তু সমন্ধে বলা('যা লিখতে চান সেটা, যে উদ্দেশ্যে চিঠি লিখছেন সেটা)।

⑤ 상대편의 안녕을 빌며 끝맺음을 한다.

প্রতিপক্ষকে বিদায়ী সালাম জানিয়ে চিঠি শেষ করা।

⑥ 날짜를 쓰고 자기 이름을 쓴다.

তারিখ লিখে তারপর নিজের নাম লেখা।

⑦ 편지 봉투는 우체국에서 정한 규격봉투를 쓰며, 상대편의 주소와 이름을 정확하고 깨끗하게 쓴다.

ডাকঘর থেকে সঠিক মানের খাম সংগ্রহ করে প্রতিপক্ষের ঠিকানা নাম নির্ভুল ভাবে পরিস্কার করে লিখা।

⑧ 객지에 나가 있는 아들이 자기의 부모에게 편지를 쓸 때에는 봉투에 부모의 이름을 함부로 쓰지 않고, 자기의 이름을 쓰고 '본 집'이라고 쓰면 된다.

বাড়ি থেকে দুরে থাকা ছেলে পিতা মাতাকে চিঠি লেখার সময় খামের উপর পিতা মাতার নাম সাধারনত না লিখে নিজের নাম লিখে 'পিতামাতার বাড়ি' এ ভাবে লিখা।

⑨ 상대편의 이름 밑에는 '귀하', '에게', '앞'등을 격에 맞게 골라 쓴다.

প্রতিপক্ষের নামের নিচে তার পজিশন বা লেবেল মত 'জনাব', 'প্রতি', 'জন্যে' ইত্যাদি লিখা।

⑩자기의 주소 · 성명도 분명하게 쓴다.

নিজের ঠিকানা, নাম অবশ্যই লেখা।

절할 때의 예절

কুনিশ করার সময় শিষ্টাচার

공손한 자세를 취할 때의 손의 모양

মার্জিত ভাবে করার সময় দুই হাত এক করা

- 두 손을 앞으로 모아 잡고 다소곳하게 서든지 앉는다.

দুই হাত সামনে নিয়ে এক করে গুটিয়ে দাড়ানো বা বসা।

- 남자가 평상시 손을 모아 잡을 때에는 왼손이 위로 가게 두 손을 포개어 잡는다.

여자는 이와 반대로 오른손이 위로 가게 한다. 차례를 지낼 때에도 이와 같이 한다.

পুরুষ সাধানত হাত এক করে ধরার সময় বা হাত উপরে দিয়ে দুই হাতের কব্জি ধরা। মেয়েরা এর উল্টা বাম হাতে উপরে যাবে ।প্রগ্রাম এভাবে চলবে।

- 집안에서 상(喪)을 당하였을 때나 문상(問喪)을 갔을 때에는 남자는 오른손이 위로 가게 두 손을 포개어 잡으며, 여자는 왼손이 위로 가게 한다.

বাসার মধ্য থেকে শোকের ঘটনা ঘটলে বা শোক প্রকাশ করতে পুরুষেরা ডান হাত বা হাতের উপর রেখে হাতে হাত বেধে, মেয়েরা বাম হাত ডান হাতের উপর রেখে হাতে হাত বেধে করতে হবে।

- 손을 포개어 잡고 앉을 때 손의 위치는, 남자는 두 다리의 중앙에 얹고 여자는 오른쪽 다리 위에 얹으며, 남녀 모두 한쪽 무릎을 세우고 앉을 때에는 세운 무릎 위에 얹는다.

হাত বেধে বসার সময় হাতের অবস্থান পুরুষের হবে দুই রানের মাঝে এবং মেয়েরা ডান রানের উপর রাখবে। পুরুষ ও মেয়েরা এক পাশের হাটু ভাজ করে বসার সময় ভাজ করা হাটু/পায়ের উপর বসতে হবে।

절하는 요령과 횟수

জল বা কুর্নিশ করার গুরুত্ব এবং সংখ্যা

– 살아 있는 사람에게 절을 할 때에 한번만 한다.

জীবিত থাকা লোক কে আমাদের দেশের প্রথা অনুযায়ী পুরুষেরা একবার মেয়েরা দুইবার কুর্নিশ করার প্রচলন ছিল কিন্তু করে থেকে যেন পুরুষ বা মেয়েরা একবার কুর্নিশ করা শুরু হয়েছে।

– 차례나 혼례 등의 의식행사와 죽은 사람에게는 기본횟수의 2배, 즉 남자는 두번, 여자는 네번을 한다

মৃত্যু বার্ষিকী বা বিয়ের অনুষ্ঠানে সাধারনের চেয়ে দুই গুন, পুরুষ দুইবার এবং মহিলারা চার বার কুর্নিশ করে।

– 맞절을 할 때에는 아랫사람이 아랫자리에서 먼저 시작해 늦게 일어나고, 웃어른이 웃자리에서 늦게 시작해 먼저 일어난다.

একে অপরকে কুর্নিশ করার সময় যার বয়স ছোট জন আগে কুর্নিশ করে পরে উঠবে আর যিনি বয়সে বড় তিনি দেরীতে কুর্নিশ করবে এবং আগে উঠবেন।

– 웃어른이 아랫사람의 절에 답배할 때에는 아랫사람이 절을 시작해 무릎을 꿇는 것을 본 다음에 시작해 아랫사람이 일어나기 전에 끝낸다. 비록 제자나 친구의 자녀 또는 자녀의 친구 및 16년 이하의 연하자라도 아랫사람이 성년(成年)이면 답배를 한다.

বয়স্করা কম বয়সীদের কুর্নিশের জবাব দেওয়ার সময় কমবয়সীরা কুর্নিশ শুরু করে দুই হাটু ভাজ করা দেখে শুরু করবেন এবং কম বয়সী শেষ করার আগেই শেষ করবেন।

남자가 절을 할 때의 예절

পুরুষরা কুর্নিশ করার সময় শিষ্টাচার

- 손을 포개어 잡고 대상을 향해 선다.

সামনে হাতে হাত বেধে যাকে কুর্নিশ করবে তার দিকে মুখ করে দাড়াতে হবে।

- 허리를 굽혀 포개어 잡은 손을 바닥에 짚는다. (이때 손을 벌리지 않는다.)

কোমর নুইয়ে হাতে বাধা হাত মেঝেতে রাখতে হবে (এসময় হাত ছড়িয়ে দিলে হবে না)।

- 왼쪽 무릎을 먼저 꿇은 후 오른쪽 무릎을 왼쪽 무릎과 가지런히 꿇는다.

বামদিকে হাটু প্রথম ভাজ করার পর ডান দিকের হাটু বাম দিকের হাটুর সাথে গুছিয়ে ধারাবাহিক ভাবে ভাজ করে রাখা।

- 팔꿈치를 바닥에 붙이며 이마를 손등에 댄다. 이때 엉덩이가 들리지 않도록 한다.

কনুই মেঝেতে লাগিয়ে কপাল দুই হাতের পাঠে লাগানো এক্ষেত্রে হিপ নাড়াচড়া করলে হবে না।

- 잠시 머물러 있다가 머리를 들며 팔꿈치를 바닥에서 뗀다.

সামান্য সময় অবস্থানের পর মাথা তুলে দুই হাত ফ্লোর থেকে তুলে নেওয়া।

- 오른쪽 무릎을 먼저 세운 뒤 포개어 잡은 손을 바닥에 서 떼어 그 위에 얹는다.

ডান দিকের হাটু প্রথমে তুলে দুই হাত সেখানে রাখা।

- 오른쪽 무릎에 힘을 주며 일어나서 왼쪽 발을 오른쪽 발과 가지런히 모은다.

ডান হাটুতে বল প্রয়োগ করে উঠে বাম পা ডান পায়ের

সাথে গোছালো ভাবে রাখা।

- 오른쪽 무릎에 힘을 주며 일어나서 왼쪽 발을 오른쪽 발과 가지런히 모은다.

ডানদিকের হাটুতে শক্তি দিয়ে উঠে বাম দিকের পা ডান দিকের পায়ের সাথে ধারাবাহিক ভাবে মিলানো।

여자가 절을 할 때의 예절

মেয়েরা কুর্নিশ করার সময় শিষ্টাচার

큰절:부모님, 친척 어른, 제례 등의 의식행사에 쓰임

বড় কুর্নিশঃ পিতামাতা, আত্মীয়, বয়োজেষ্ঠ্য, প্রাক্তন আমল থেকে প্রচলিত ইত্যাদি ক্ষেত্র দেওয়া কুর্নিশ।

– 포개어 잡은 손을 어깨 높이로 수평이 되게 올린다

বাধা দুই হাত কাধ সমান উচুতে উঠানো।

– 고개를 숙여 이마를 손등에 붙인다. (엄지손가락 안쪽으로 바닥을 볼 수 있게 한다.)

ঘাড় নুয়িয়ে কপাল হাতে পিঠে লাগানো।(বড়ো আংগুল ভিতরের দিকে মেঝে যাতে দেখা যায় সেভাবে রাখতে হবে।

– 왼쪽 무릎을 먼저 꿇은 후 오른쪽 무릎을 왼쪽 무릎과 가지런히 꿇는다.

বাম হাটু প্রথমে ভাজ করার পর ডান দিকের হাটু বাম দিকের হাটুর সাথে মিলিয়ে ধারাবাহিক ভাবে ভাজ করা।

– 오른쪽 발이 앞(아래)이 되게 발등을 포개며 뒤꿈치를 벌리고 엉덩이를 내려 깊이 앉는다.

ডান পা সামনে (নীচে) রেখে দুই পা মিলিয়ে পায়ের গে-াড়ালী ফাকা করে হিপ নামিয়ে চেপে বসা।

– 윗몸을 반(45도)쯤 앞으로 굽힌다. 이때 손등이 이마에서 떨어지지 않도록 주의한다.

শরীর সামনের দিকে (৪৫ ডিগ্রী) বাকা করা। এসময় হাতের পিঠ কপাল থেকে যাতে সরে না যায় সেদিকে সাবধান থাকা।

– 잠시 머물러 있다가 윗몸을 일으킨다.

অল্পক্ষণ অপেক্ষা করে তারপর বসা উঠা করা।

- 오른쪽 무릎을 먼저 세운다.

ডান পায়ের হাটু প্রথমে খাড়া করা।

- 일어나면서 왼쪽 발을 오른쪽 발과 가지런히 모은다.

উঠার সময় বাম পা ডান পায়ের সাথে ধারাবিহিক ভাবে মিলিত করা।

- 수평으로 올렸던 손을 원위치로 내리며 고개를 반듯하게 세운다.

মাটি থেকে সমান্তরাল ভাবে উঠানো হাত নামিয়ে সোজা হয়ে দাড়ানো।

평절:선생님, 연장자, 형님, 누님 인사

সাবলিল কুর্নিশঃ শিক্ষক, বয়াজষ্ঠ্য, বড় ভাই, বড় বোনকে সালাম।

- 포개어 잡은 손을 풀어 양 옆으로 자연스럽게 내린다.

হাতে হাত বাধন ছেড়ে সাভাবিক ভাবে দুই হাত দুই পাশে ছেড়ে ঝুলিয়ে রাখা।

- 왼쪽 무릎을 먼저 꿇은 후 오른쪽 무릎을 왼쪽 무릎과 가지런히 꿇는다.

বাম হাটু প্রথম ভাজ করার পর ডান দিকের হাটু বাম দিকের হাটুর সাথে ধারাবাহিক ভাবে ভাজ করা।

- 오른쪽 발이 앞(아래)이 되게 발등을 포개며 뒤꿈치를 벌리고 엉덩이를 내려 깊이 앉는다.

ডান পা সামনের দিকে (নীচে) রেখে পা দুটি মিলিত করে দুই পায়ের গোড়ালী একটু ফাকা রেখে পাছা নামিয়ে চেপে ভাবে বসা।

- 손가락을 가지런히 붙여 모아서 손끝이 밖(양 옆)을 향하게 무릎과 가지런히 바닥에 댄다.

হাতের আংগুল ধারাবাহিক ভাবে মিলিয়ে এক করে হাতের শেষ প্রান্ত বাহিরের দিকে রেখে হাটি ধারাবহিক ভাবে মাটিতে রাখা।

- 윗몸을 반(45도)쯤 앞으로 굽히며 두 손바닥을 바닥에 댄다.

শরীরের উপরের অংশ আনুমানিক (৪৫ ডিগ্রী) সামনের দিকে নুইয়ে দুই হাতের তালু মেঝেতে রাখা।

- 잠시 머물러 있다가 윗몸을 일으키며 두 손바닥을 바닥에서 뗀다.

অল্পক্ষণ সেখানে অবস্থানের পর শরীরের উপরের অংশ তুলে সোজা করে তুই হাতের তালু মেঝে থেকে তুলে নেওয়া।

- 오른쪽 무릎을 먼저 세우며 손끝을 바닥에서 뗀다.

ডান হাটু প্রথমে সোয়ায়ে হাতের শেষ প্রান্ত মেঝে থেকে হাত উটানো।

- 일어나면서 왼쪽 발을 오른쪽 발과 가지런히 모은다.

উঠার সময় বাম পা ডান পায়ের সাথে ধারাবাহিক ভাবে এক করা।

- 손을 다시 포개어 잡고 원래 자세를 취한다.

দুই সাত সমনে নাভির উপর বেধে আগের সাভাবিক মুডে কুর্নিশ করা।

가족이나 가까운 친척의 상을 당했을 때의 예절

পরিবারের কেউ বা কাছের কোন বন্ধুরশোকের সময় শিষ্টাচার

– 환자가 보고 싶어할 사람과 환자를 보아야 할 사람에게 연락을 취한 뒤 환자의 곁을 떠나지 않고 조용히 지킨다.

রোগী যাকে দেখতে চান বা রোগীকে যারা দেখতে চান তাদের সাথে যোগাযোগ করার পর রোগীকে একা না রেখে নিরবে পাশে থাকতে হবে।

– 집의 안팎을 정돈하고, 환자가 세상을 떠났을 때 알려야 할 곳을 기록해 정리하고, 가족들이 해야 할 일도 각자 준비한다.

বাসার বাহির ভিতর গোছগাছ করে রোগী দুনিয়া ছেড়ে যাওয়ার আগে জানিয়ে যাওয়ার বিষয় গুলো লিপিবদ্ধ করে পরিবার থেকে যা কিছু করা প্রয়োজন প্রত্যেকে দায়িত্ব মত তা করা।

– 환자의 마지막 유언을 조용한 가운데 잘 듣도록 한다.

রোগীর শেষ ইচ্ছা কোলাহল মুক্ত পরিবেশে ভালো শুনার ব্যবস্থা করা।

– 환자의 더러워진 옷을 깨끗한 옷으로 갈아입힌다.

রোগীর ময়লা পোষাক পরিবর্তন করে পরিস্কার পোষাক পরিধান করানো।

– 환자가 숨을 거두면 의사를 청해 사망을 확인하고 사망진단서를 받는다.

রোগীর ধম শেষ হয়ে গেলে ডাক্তারের মাধ্যমে মৃত্যু নি-শ্চিত করে ডেথ সার্টিফিকেট গ্রহন করতে হবে।

– 사망이 확인되면 지키던 가족과 친척들은 슬픔을 다한다.

মৃত্যু নিশ্চিত হরে পরিবারের লোকেরা শোক প্রকাশ করবে।.

- 숨을 거둔 후 한 시간 내에 반드시 죽은 이의 가족이 주검을 잘 수습하여 모신다.

মৃত্যু নিশ্চিত হওয়ার এক ঘন্টার মধ্যে অবশ্যই মৃত্যু ব্যক্তির শরীর সোজা করে রাখতে হবে।

① 죽은 이의 눈을 쓸어내려 잠자듯이 감긴 후 머리가 남쪽으로 가도록 방의 한쪽에 반듯하게 눕힌다

মৃত্যুর পর চোখের পাতা বন্ধ করে কিছুক্ষণ ধরে রাখতে হবে এবং মাথা দক্ষণ দিকে একটু মৃত্যুর পর চোখের পাতা

বন্ধ করে কিছুক্ষণ ধরে রাখতে হবে এবং মাথা দক্ষণ দিকে একটু কাত করে দিতে হবে।

② 주검의 발바닥을 벽에 닿도록 하여 반듯한 모습으로 유지시키고, 무릎을 곧게 펴서 붕대나 백지 등으로 묶는다.

লাশের পায়ের আংগুল যেন দেওয়ালে না লাগে সেভাবে করে স্বাভাবিক অবস্থায় রাখা, হাটু সোজা করে সাদা ফিতা দিয়ে বেধে রাখা।

③ 두 손은 배 위로 모아 오른손이 위로 가도록(여자의 경우는 왼손이 위로 가도록 함) 포갠 뒤 역시 붕대나 백지 등으로 묶는다.

দুই হাত পেটের উপর মিলিত করে ডান হাত উপরে দেওয়া (মেয়েদের ক্ষেত্রে বাম হাত উপরে যাবে।)

④ 주검의 머리를 반듯하게 유지시키고 입에는 나무젓가락을 등에 솜을 말아 물려서 오무려지지 않도록 한 후, 솜으로 귀를 막고 가제 등으로 코와 입을 덮어 벌레나 곤충 따위가 들어가지 못하도록 한다.

লাশের মাথা যাতে নড়াচড়া না করে সেভাবে রেখে মুখের মধ্যে কাঠের চপ ষ্টিক দিয়ে একটু ফাকা করে তুলা দিয়ে রাখা যাতে লালা বের হবে না পারে, তুলা দিয়ে কান, নাক বন্ধ করে রাখা যাতে পোকা মাকড় না ঢুকতে পারে।

⑤ 홑이불로 얼굴을 포함한 몸 전체를 덮는다.

চাদর দিয়ে মুখমডল সহ সারা শরীর ঢেকে দিতে হবে।

– 주검 앞을 병풍이나 장막으로 잘 가리고, 그 앞에 향상(香床)을 차려 향을 피우며, 두 개의 촛대를 좌우에 세워 촛불을 켜 빈소(殯所)를 차린다.

লাশের সামনে স্ক্রীন বা তাবু দিয়ে ঘিরে তার সামনে সুগন্ধি বাতি জালিয়ে দুই পাশে দুই মোমবাতি জালিয়ে আন্ত্যেষ্টির জায়গা প্রস্তুত করা।

– 방안을 다시 정리한 뒤, 빈소를 지키며 조문객을 맞는다.

রুম আরো একবার পরিস্কার করে আন্ত্যেষ্টি ক্রিয়া শোক উৎযাপন করা।

– 시신을 입관(入棺)한 다음, 가족과 가까운 친척들은 상복으로 갈아입는다. 한복을 입을 경우에는 흰색으로, 양복을 입을 경우에는 검은색 양복과 넥타이를 사용한다. 머리에는 무명으로 만든 흰색의 건(巾)을 쓰거나 삼베로 만든 건을 쓰며, 여자의 경우는 흰색 머리쓰게를 쓴다.

লাশ কফিনে রাখার পর পরিবারের সদস্যরা এবং কাছের বন্ধুরা সবাই একসাথে শোকের পোষাক পরিধান করবে, কোরিয়ান জাতীয় পোষাক পড়লে সাদা রংয়ের পড়তে হবে, স্যুট পরলে কালো রংয়ের স্যুট এবং টাই পরতে হবে। মাথায় সাদা রংয়ের তুলার তৈরী হেড কভার বা শনে তৈরী হেড কভার ব্যবহার করলে হবে। মেয়েদের বেলায় সাদা রংয়ের হেড ড্রেস ব্যবহার করলে হবে।

제사 지낼 때의 마음가짐

মৃত: আত্মাকে সম্মান দেখানোর সময় মনের অবস্থা

- 복장은 한복이나 양복 정장을 입거나 평상복일 경우에는 화려하지 않은 단정한 옷차림을 한다.

পোষাক হবে কোরিয়ান জাতীয় পোষাক বা কমপিন্ট স্যুট বা অডিনারী পোষাক হলেও বেশী উজ্জ্বল রংয়ের হবে না।

- 제사 준비는 모든 가족이 힘을 모아야 하므로 반드시 부모님을 도와 제사에 함께 참여할 수 있도록 한다.

জেসা অনুষ্ঠানের প্রস্তিত পরিবারের সবাই এক হয়ে বাবা মাকে সাহায্য করে উপস্থিত হয়ে করতে হবে।

- 제사를 지낼 때에는 왼손이 위로 가도록 (여자의 경우는 오른손이 위로 가도록) 손을 포개어 잡고 다소곳하게 서 있는다.

জেসা অনুষ্ঠান চলা কালে বাম হাত (মেয়েরা ডান হাত বাম হাতের উপর রাখা) ডান হাতের উপর রেখে হাতে হাত বেধে মার্জিত ভাবে দাড়াতে হবে।

- 절을 할 때에는 전통의식에 따라 두 번 절한다.

কুর্নিশ করার সময় প্রাক্তন রীতি মত দুই বার করতে হবে।

- 술잔을 올릴 때에는 무릎을 꿇고 단정히 앉아 두 손으로 술을 따른 다음 역시 두 손으로 잔을 받들어 올린다.

মদের গণ্গাস পরিচালনার সময় দুই হাটু ভেংগে মার্জিত ভাবে বসে দুই হাত দিয়ে ঢেলে দিয়ে আবার দুই হাত পেতে গ্রহন করতে হবে।

- 제사의 진행 절차는 부모님의 지시를 받아 그대로 따른다.

জেসা পরিচালনার ধারাবাহিকতা বাবা মায়ের নির্দেশ মত পালন করতে হবে।

– 제사가 진행중일 때에는 옆 사람과 잡담을 하거나 불필요하게 움직이는 일이 없도록 주의 한다.

জেসা অনুষ্ঠান চলা কালে পাশের লোকের সাথে বেশী কথা বলা অন্যের বিরক্তিকর নড়াচড়া করা থেকে সাবধান থাকতে হবে।

문상을 할 때
সমবেদনা জানানোর সময়

- 옷차림은 화려하거나 색상이 요란한 옷을 피하고 단정하게 입어야 한다.

উজ্জ্বল রংয়ের সাজগোজ করা পোষাক না পরে সাধারন পোষাক পরতে হবে।

- 먼저 호상소로 가서 자신의 신분을 알리고 분향소로 안내를 받는다.

প্রথম আন্ত্যেষ্টি ক্রিয়া করার জায়গায় গিয়ে নিজের পরিচয় জানিয়ে বেদীতে যেতে হবে।

- 영정 앞으로 나아가 향을 피우고 오른손이 위로 가도록(여자의 경우는 왼손이 위로 가도록) 포개어 잡은 뒤 잠시 서서 죽은이를 추모하며 슬픔을 나타낸다.

বেদির সামনে গিয়ে ডান হাত সুগন্ধি গ্রহন করে পুরুষ ডান হাত উপরে (মেয়েরা বাম হাত উপরে) নাভির কাছা কাছি দুই হাত বেধে অল্প মময় দাড়িয়ে নিরবে প্রার্থনা করা।

- 두세 걸음 뒤로 물러나서 영정을 향하여 두 번 절하며, 이 때에도 손은 앞의 요령에 따라 포개어 잡는다.

দুই তিন পা পিছনে সুগন্ধি শুকে দুই বার কুর্নিশ করা, এসময়ও প্রয়োজন মত হাত প্রসারিত করা বা গুটিয়ে নিতে হবে।

- 약간 뒤로 물러나서 상제가 있는 쪽을 향해 선 뒤, 상제에게 한 번 절한다.

সামান্য পিছনে গিয়ে শোকাহত পরিবারের দিকে ঘুরে একবার কুর্নিশ করা।

- 절을 마친 뒤 꿇어앉아 "얼마나 슬프십니까" 등 상황에 적합한 인사말을 한다.

কুর্নিশ শেষ করে হাটু ভেংগে বসে 'অনেক শোকের বিষয়' ইত্যাদি পরিবারকে শান্তনা সূচক কথা বলা।

- 조문할 다른 손님이 기다리고 있으면 공손한 자세로 물러난다.

সেখানে অন্য মেহমান অপেক্ষায় থাকলে মার্জিত ভাবে সরে আসা।

- 다시 호상소로 가서 준비된 부조금품 등을 내놓는다.

আন্ত্যেষ্টি ক্রিয়া করার জায়গায় গিয়ে আগেই রেডি করে রাখা শান্তনা খাম জমা দেওয়া।

- 대접하는 다과가 있으면 간단히 들고 일어난다.

আতিথেয়তা করার কিছু থাকলে সেটা হাতে নিয়ে উঠতে হবে।

- 부모님과 함께 문상을 갈 경우에는 부모님의 지시에 따라 조문한다.

বাবা মায়ের সাথে শোক সভায় গেলে বাবা মা যেমন করেন সেরকম করলে হবে।

국가에 대한 기본 소양

দেশ সমন্ধে বেসিক জ্ঞান

1.국기게양–জাতীয় পতাকা উত্তোলন

경축일에는 깃봉과 기폭 사이를 띄지 않고, 조의를 표할 때에만 깃봉과 깃폭사이를 기폭만큼 내려(조기) 게양합니다.

সরকারী ছুটির দিন পতাকা কিছুটা নিচে নামিয়ে বেধে উত্তোলন করে না, জাতীয় শোক দিবসে জাতীয় পতাকা অর্ধনমিত করে উত্তোলন করা হয়।

2.국기 다는 날(경축일) – জাতীয় পতাকা দিবস

3월 1일(3.1절),

7월 17일(제헌절),

8월 15일(광복절),

10월 1일(국군의 날),

10월 3일(개천절),

10월 9일(한글날)

মার্চ মাসের ১ তারিখ(৩.১ জল),
জুলাই মাসের ১৭ তারিখ (সংবিধান দিবস),
আগষ্ট মাসের ১৫ তারিখ (জাতীয় মুক্তি যুদ্ধের দিবস),
অক্টোবর মাসের ১ তারিখ (সশস্ত্র বাহিনী দিবস),
অক্টোবর মাসের ৩ তারিখ (ন্যাশনাল ফাউন্ডেশন ডে),
অক্টোবর মাসের ৯ তারিখ (হাংগুল ডে)।

3.조기 다는 날 – মর্নিং ফ্লাগ ডে

6월 6일(현충일) - ৬.৬

জুন মাসের ৬ তারিখ (মেমোরিয়াল ডে) - ৬.৬

4. 국기에 대한 예절– জাতীয় পতাকা সমন্ধে শিষ্টাচার

(1) 국기는 국가의 상징이므로 게양하지 않을 때에는 반드시 깨끗한 함에 넣어 소중하게 보관한다.

জাতীয় পতাকা হলো দেশে প্রতীক সেজন্য উত্তোলন না করার সময় অবশ্যই পরিস্কার বক্সে রেখে গুরুত্বপুর্ন হি-সাবে রক্ষা করতে হবে।

(2) 국기의 색이 바라거나 더럽혀진 경우, 낡아서 더 이상 사용이 곤란한 경우에는 반드시 소각하도록 한다.

জাতীয় পতাকার রং নষ্ট বা ময়লা হলে, পুরন হয়ে আরো খারাপ হয়ে গেলে অবশ্যই পড়িয়ে ফেলতে হবে।

(3) 국기를 게양하거나 내릴 때에는 국기가 땅에 닿거나 끌리지 않도록 주의한다.

জাতীয় পতাকা উত্তোলনে সময় বা নামানোর সময় পতাকা মাটিতে যাতে পড়ে না যায় বা মাটিতে পড়া অবস্থায় টেনে না নেওয়া হয় সেদিকে সাবধান থাকা।

(4) 국경일이나 현충일 등의 기념일에는 반드시 국기를 게양하도록 하며, 가정에서 국기를 게양할 때에는 집 밖에서 보아 대문의 왼쪽에 게양한다.

জাতীয় ছুটির দিন বা মেমোরিয়াল ডে ইত্যাদি বার্ষিকীতে অবশ্যই উত্তোলন করে, পরিবার থেকে জাতীয় পতাকা উত্তোলন করার সময় বাসার বাইরে মেইন গেইটের বাম পাশে উত্তোলন করতে হবে।

(5) 평상시나 경축일 등에 게양할 때에는 국기를 깃봉 바로 밑에 이어 게양한다.

সাধারন দিনে বা ছুটির দিনে পতাকা উত্তোলন করার সময় পতাকা পুরাপুরি উত্তোলন করতে হবে।

(6) 현충일 등 조의를 표해야 할 때에는 깃봉과 깃면 사이를 깃면의 너비만큼 띄워 게양한다. 단, 깃대가 짧을 경우에는 깃대의 중간 위치에 국기를 게양한다.

মেমোরিয়াল ডে ইত্যাদি শোক দিবসে পতাকা উত্তোলের সময় পতাকা যতটুকু চওড়া ততটুকু উপরে বাদ রেখে উত্তোলন করা। আর পতাকা উত্তোলনের ষ্ট্যান্ড যদি খাটো হয় তবে ষ্ট্যান্ডের মাঝামাঝি উত্তোলন করলে হবে।

(7) 비나 눈이 올 때에는 국기를 게양하지 않는다. 게양한 후에 비나 눈이 올 경우에는 즉시 거두어들였다가 날이 개면 다시 게양하여야 한다.

বৃষ্টি বা বরফ পড়ার সময় পতাকা উত্তোলন করা হয় না। উত্তোলনের পর বৃষ্টি বা বরফ পড়লে নামিয়ে গুটিয়ে রেখে আবহাওয়া ভালো হলে আবার উত্তোলন করা।

(8) 국기에 대해 경례를 할 때, 평상복을 입은 사람은 국기를 향해 바른 자세로 서서 오른손을 펴 왼쪽 가슴에 올리고 국기에 주목한다.

জাতীয় পতাকাকে সম্মান দেখানোর সময় সাধারন পোষাক পরা লোক পতাকার দিকে মুখ করে দাড়িয়ে একটু দ্রুত গতিতে ডান হাত বাম বুকের উপর রেখে মনযোগ প্রকাশ করা।

(9) 평상복을 입은 상태에서 모자를 쓰고 있을 경우에는 오른손으로 모자를 벗어들고 모자의 안쪽을 왼쪽가슴에 댄 채 국기에 주목한다.

অডিনারী পোষাক পরে মাথায় ক্যাপ দেওয়া থাকা অবস্থায় ডান হাত দিয়ে ক্যাপ খুলে ক্যাপের ভিতরের দিক দিয়ে বুকের বাম দিক ঢেকে পতাকাকে সম্মান প্রদর্শন করতে হয়।

(10) 군인이나 경찰관 등 제복을 입은 사람은 거수경례를 하고 국기에 주목한다.

আর্মি বা পুলিশ এধরনের লোক ইউনিফর্ম পরিহিত অবস্থায় থাকলে হাত তুলে মাথার ক্যাপ স্পর্শ করে মিলিটারী সেলুট দিতে হবে।

(11) 국기의 게양식 및 하강식이 진행될 때, 국기를 볼 수 있는 위치에 있는 사람은 국기를 향하여 경계를 하며, 애국가 연주만 들리는 경우에는 그 방향을 향해 바른 자세로 선 채 연주가 끝날 때까지 움직이지 않는다.

. পতাকা উত্তোলন করা বা নামানোর সময়, এটা দেখার জায়গায় উপস্থিত লোকেরা পতাকার দিকে মুখ করা, জাতীয় সংগীতের মিউজিক বাজতে থাকলে দ্রুত সাবধান মুডে দাড়িয়ে নড়াচড়া করা যাবে না যতক্ষণ মিউজিক শেষ না হয়।

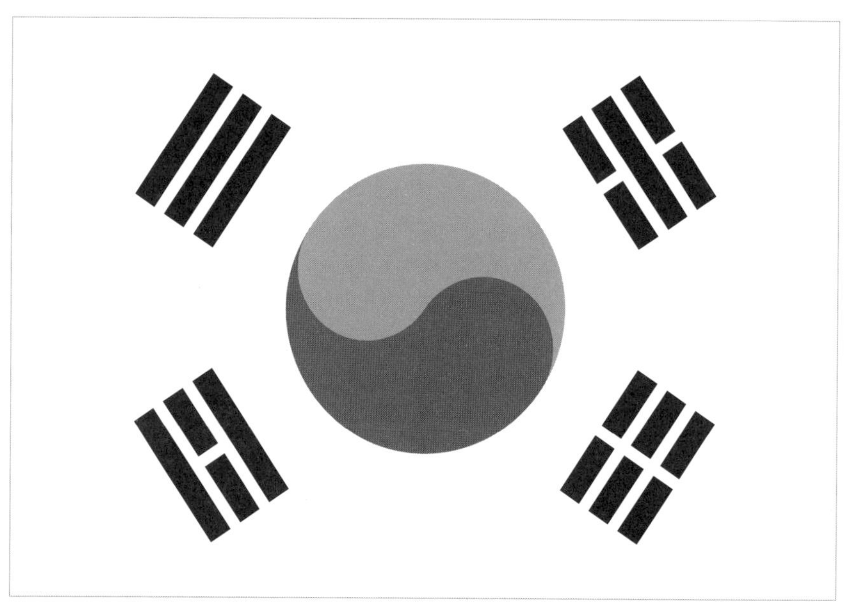

태극기(국기) কোরিয়ান জাতীয় পতাকা

태극기에 담긴 뜻

কোরিয়ান জাতীয় পতাকায় অন্তভুক্ত অর্থ

바탕(ব্যাক গ্রাউন্ড)– **সাদা রং**:우리민족이 좋아하는 색 → 백의민족

কোরিয়ানদের পছন্দের রং → সাদা পরিহিত জাতি।

– 깨끗함, 순박함, 평화를 나타냄:

পরিচ্ছন্নতা, সরলতা, শান্তির পকাশ:

원(বৃত্ত)–태극무늬를 둘러싸고 있는 원은 우주를 상징

কোরিয়ান জাতীয় পতাকার বৃত্তকার চিহ্ন বিশ্বজগতের প্রতীক।

– 단일성, 원만함, 통일성을 나타냄

ইউনিটি, বন্ধুত্ব ভাবাপূর্ন, একই মানসিকতার প্রকাশ।

태극(থেগুগ) – 위쪽(붉은색)~ 양의 세계

উপরের অংশ (লাল রং) উষ্ণতার প্রকাশ (স্ত্রী লিংগ)

– 아래(파란색)~음의 세계

নীচের অংশ (নীল রং) শীতলতার প্রকাশ (পুংলিংগ)

– 서로 맞물려 돌아가는 모습 ~ 음과 양이세상의 모든 만물을 탄생시킴을 상징

একে অপরে আকড়ে থাকা মিলনের চিত্র্ নারীর উষ্ণতা ও পুরুষের শীতলতা দিয়ে পৃথিবীর সব কিছুর জন্ম দেওয়ার প্রতীক।

– 우리 민족의 무궁한 발전과 창조정신을 나타냄

আমাদের জাতির অনন্ত উন্নয়ন এবং সৃষ্টির প্রকাশ।

태극기(4괘)
পতাকা (৪চিহ্ন)

– 건(☰):하늘을 나타냄 – **গন(☰)ঃ আকাশকে বুঝায়।**

· 계절:봄 – **ঋতু: বসন্ত কাল**

· 방향:동쪽 – **দিকঃপূর্ব দিক**

뜻: 너그럽고 어짐(인) – **অর্থঃ প্রশস্ততা**

– 곤(☷):땅을 나타냄 – **স্তুঠ ঐযরি-গব্ধশ্খ ভত্তথ্হ খশ্যু**

· 계절:여름 – **ঋতু:গ্রীষ্ম কাল**

· 방향:서쪽 – **দিকঃ পশ্চিম দিক**

뜻: 의로움(의) –**অর্থ: সঠিক বা খাটি**

– 감(☵) :달 또는 물을 나타냄 – **চাদ এবং পানিকে প্রকাশ করে।**

· 계절:겨울 – **ঋতু: শীত কাল**

· 방향:북쪽 – **দিকঃ উত্তর দিক**

뜻:지혜(지) – **অর্থ: বুদ্ধিমত্তা**

– 이(☲) :해 또는 불을 나타냄 - **সূর্যোদয়ের আলোকে প্রকাশ করে।**

· 계절:가을 – **ঋতু: শরৎ কাল**

· 방향:남쪽 – **যuóহম হধস দিকঃ পূর্ব দিক**

뜻:예의(예)– **অর্থ: ভদ্রতা বোধ।**

국가에 대한 예절
দেশের জন্য শিষ্টাচার

(1) 우리의 국가인 '애국가(愛國歌)'에 대해서는 4절까지의 가사 전체를 정확히 알고 있어야 함은 물론 그 속에 포함된 의미도 이해하고 있어야 한다.

আমাদের দেশের জাতীয় সংগীতের ৪ অনুচ্ছেদ পর্যন্ত সব সঠিক ভাবে জানা থাকতে হবে এর মানেও অবশ্যই বুঝতে হবে।

(2) 국민의례시 애국가 제창은 4절까지 하는 것을 원칙으로 하나, 부득이한 경우에는 1절만 제창할 수도 있다.

জাতীয় সৌজন্য স্বরূপ জাতীয় সংগীতের ৪ অনুচ্ছেদ পর্যন্ত পরিবেশন করাই স্বাভাবিক নিয়ম, বিশেষ ক্ষেত্রে ১ম অনুচ্ছেদ মাত্র করা যেতে পারে।

(3) 애국가를 제창할 때에는 경건한 마음으로 일어서서 끝날 때까지 움직이지 않는다.

জাতীয় সংগীত পরিবেশনের সময় শ্রদ্ধার সাথে দাড়িয়ে শেষ পর্যন্ত নড়াচড়া করা যাবে না।

(4) 애국가는 어떤 경우라도 가사를 함부로 고쳐 부르거나 곡을 변조하여 불러서는 안 된다.

জাতীয় সংগীত কোন অবস্থায়ই গানের কথা পরিবর্তন বা সংশোধন করে পরিবেশ বা মিউজিক বাজানো যাবে না।

애국가(국가)
কোরিয়ান জাতীয় সঙ্গীত

애국가 가사에 담긴 뜻
কোরিয়ান জাতীয় সংগীতের অর্থ ১ম অনুচ্ছেদ

– 제1절 – ১ম অনুচ্ছেদ

동해물과 백두산이 마르고 닳도록 하느님이 보우하사 우리나라 만세
(넓고 깊은 동해 바다와 높고 푸른 백두산은 우리의 상징이다. 단국시대부터 오늘까지 긴 역사를 지켜왔다.)

প্রশস্ত গভীর পূর্ব সাগর এবং সুউচ্চ বেগ দু সান বেষ্টিত সৃষ্টিকর্তার রক্ষা করা আমাদের এই দেশ প্রাক্তন আমল থেকে এখন পর্যন্ত সুদীর্ঘ ইতিহাসের স্বাক্ষী।

– 제2절 – ২য় অনুচ্ছেদ

남산위에 저 소나무 철갑을 두른 듯 바람서리 불변함은 우리 기상일세
(소나무의 푸른 모습에서 충신, 열사의 지조를 생각한다, 어려움 속에서도 뜻을 굽히지 않는 지조는 우리의 자랑이다.)

ঝাউ গাছের নীল চেহারা বিশ্বাস ও দেশ প্রেমের বৈশিষ্ট্য বলে মনে হয়। কঠিন অবস্থায়ও এর অর্থ ম্লান না হওয়াই আমাদের গর্ব।

– 제3절 – ৩য় অনুচ্ছেদ

가을 하늘 공활한데 높고 구름없이 밝은 달은 우리가슴 일편단심일세
(맑고 푸른 가을 하늘을 이상을 갖는다. 나라와 겨레를 위하여 충성심을 가슴 깊이 간직한다.)

শরৎ কালের আকাশ খুজলে উচু মেঘ মুক্ত উজ্বল চাদ আমাদের বুকে এক মনের এক ধ্যান প্রকাশ করে।

– 제4절 – ৪র্থ অনুচ্ছেদ

이 기상과 이맘으로 충성을 다하여 괴로우나 즐거우나 나라 사랑하세
(우리 민족은 평화를 상징하는민족이다. 끊임없는 침략 속에서도 우리 민족은 단결하여 외적을 물리쳤다.)

বিশ্ব শান্তি প্রত্যাশী আমাদের জাতি দুঃখে কষ্ট বা শান্তি সব সময় দেশকে একই রকম ভালো বাসেন।

– 후렴 – পুনরায় গাওয়ার অংশ

무궁화 삼천리 화려강산 대한사람 대한으로 길이 보전하세 (무궁화 피어나는 우리 강산은 아주 아름답다. 우리 모두 삼천리 강산에 무궁화를 심고 가꾸자. 다같이 힘 모아 나라를 지키자.)

মুগুংহোয়া ফুটিত গাং ও পাহাড় বেষ্টিত আমাদের দেশ অনেক সুন্দর। সর্বত্র মুগুংহোয়া ফুটিয়ে সবার শক্তি এক করে দেশকে রক্ষা করি।

나라꽃 무궁화

জাতীয় ফুল মুগুংহোয়া

– 반만년 유구한 역사와 더불어 흐르는 배달겨레의 얼이 담긴 꽃

কোরিয়ান জাতির ৫০০০ বছরের ইতিহাস বহন কারী ফুল

– 해뜸과 동시에 피어서 해짐과 함께 지는 항상 새로운 꽃

সূর্যোদয়ের সময় প্রস্ফিটিত হয়ে সূর্যাস্ত পর্যন্ত এক সাথে থাকা নতুন ফুল।

– 7월에서 10월까지 100일 간에 걸쳐 끊임없이 피어나는 꽃

জুলাই মাস থেকে অক্টোবর অক্টোবর পর্যন্ত ১০০ দিন পর্যন্ত একটানা ফুটে থাকা ফুল।

– 8월 15일경에 가장 활짝피며 태극모형의 씨를 가진 꽃

আগষ্টের ১৫ তারিখের মধ্যে সবচেয়ে প্রশস্ত হয়ে ফুটে পতাকার রুপ ধারন করা ফুল।

– 애국가의 후렴속에 항상 피어나는 조국통일을 염원하는 꽃

জাতীয় পতাকার ধ্রবের মধ্যে সর্বদা ফুটা থাকা এই জাতীয় একতার প্রকাশ ঘটায়।